Günther Klempnauer

Unterwegs nach Jerusalem

Israel-Report

R. BROCKHAUS VERLAG WUPPERTAL

Bücher, die dieses Zeichen tragen, wollen die Botschaft von Jesus Christus in unserer Zeit glaubhaft bezeugen.

Das ABCteam-Programm umfaßt in seiner Hauptreihe:

A = aktuelle Themen

B = Berichte, Erzählungen, Lebensbilder

C = Christsein heute

Als Sonderreihen erscheinen Jugendbücher (J), Werkbücher (W), Glauben und Denken (G + D).

Außerdem gibt es Geschenkbücher in besonderer Ausstattung.

ABCteam-Bücher erscheinen in folgenden Verlagen:

Aussaat Verlag Wuppertal / R. Brockhaus Verlag Wuppertal

Brunnen Verlag Gießen / Christliches Verlagshaus Stuttgart

Oncken Verlag Wuppertal / Schriftenmissions-Verlag Gladbeck

ABCteam-Bücher kann jede Buchhandlung besorgen.

© 1975 R. Brockhaus Verlag Wuppertal
Umschlaggestaltung: Ralf Rudolph, Ratingen
unter Verwendung eines Fotos von H. Schmied-Anthony
Druck: Herm. Weck Sohn, Solingen

ISBN 3-417-00527-2

Inhalt

Emil und Hedwig Rex
sowie ihrer Mitarbeiterin Erika Strunk

Sie haben durch ihre See- und Flugreisen in den Nahen Osten dazu beigetragen, Brücken zwischen Deutschen, Israelis und Arabern zu bauen

Einleitung:
Brennpunkt „Israel"

Unterwegs nach Jerusalem! Wer möchte nicht dabeisein?
„Sie fahren am 8. Oktober mit der ‚Nili' nach Israel."
„Woher wissen Sie das?" frage ich den Mann aus Jerusalem auf der Frankfurter Buchmesse. Ich habe dem mir völlig unbekannten Juden lediglich meinen Namen genannt und ihn gebeten, mir Literatur aus Israel zu empfehlen.

„Ich weiß noch mehr über Sie", sagt mir der „allwissende" Israeli, der noch vor wenigen Minuten dem Zweiten Deutschen Fernsehen ein Interview gegeben hatte und dessen israelischer Stand von schwerbewaffneten Polizisten umstellt ist. Tatsächlich kann er mir meinen Beruf und Wohnort nennen. Neugierig fragt er weiter: „Was haben Sie für Israel getan?"

„Nichts", sage ich fast schuldbewußt.

Bis heute weiß ich nicht, warum „Israels langer Arm", der bestorganisierte Geheimdienst der Welt, sich für mich interessiert.

Politik ist Krieg mit Blutvergießen

Eine halbe Stunde später stoße ich auf eine etwa tausendköpfige Studentenorganisation im Frankfurter Messegelände. Eine Kundgebung für die „Befreiung Palästinas".

Das Mikrofon wird freigegeben, und ich melde mich zu Wort: „Kann man mit grausamen Terrorakten Frieden schaffen zwischen Juden und Arabern?"

Spärlicher Beifall.

Ein arabischer Student spricht nach mir. Er schürt das Feuer und ruft zum Kampf gegen Israel auf. Fernsehkameras surren und Rundfunkreporter nehmen seine Worte auf. Viele Studenten applaudieren.

Soll Mao Tse-tung recht behalten: „Politik ist Krieg mit Blutvergießen"?

Juden — faszinierend und unheimlich zugleich

Es ist schon ein merkwürdiges Volk, das so manchen Zeitgenossen nachdenklich stimmt, faszinierend und unheimlich zugleich. „Nach der Bibel gehören Sie zum auserwählten Volk. Wollen Sie das sein?" frage ich immer wieder Juden in Israel. Und fast immer antworten sie: „Wir sind nicht besser und nicht schlechter als andere Menschen auch."

Aber intelligenter? Der jüdische Schriftsteller und Philosoph Schalom Ben-Chorin — ich bin sein Gast in Jerusalem — erinnert an drei deutsche Juden, die das Weltbild des 20. Jahrhunderts entscheidend verändert haben: „Karl Marx, der die soziale Struktur der Welt verändert hat; Sigmund Freud, der das Menschenbild von Grund auf verwandelt hat; Albert Einstein, der unser physikalisches Weltbild aus den Angeln gehoben hat." Heute bestaunen wir das Genie des amerikanischen Außenministers Henry Kissinger, der als Jude zwischen China, Rußland und den USA, zwischen Arabern und Israelis hin und her fliegt und kriegerische Brände löscht.

Arafat vor der UNO

Später, am 13. November 1974, spricht der Chef der „Palästinensischen Befreiungsorganisation PLO" Yassir Arafat vor der Vollversammlung der Vereinten Nationen in New York. „Ich bin mit dem Ölzweig und mit der Waffe eines Freiheitskämpfers gekommen. Laßt den Ölzweig nicht meiner Hand entgleiten." Der Guerilla-Führer, bis 1948 in Jerusalem wohnend und von der arabischen Gipfelkonferenz in Rabat zum Führer des heimatlosen palästinensischen Volkes auserkoren, erntet tosenden Beifall. Daraufhin billigt die UNO mit großer Mehrheit eine Resolution, durch welche die Palästinenser das Recht auf Rückkehr in ihre angestammte Heimat sowie nationale Unabhängigkeit erhalten sollen. Vergeblich bemühten sich westliche Delegierte um einen Hinweis in der Erklärung, wonach Israel ein Recht darauf habe, als unabhängiger Staat innerhalb gesicherter und anerkannter Grenzen zu existieren. Yassir Arafat forderte vor der UNO „alle jetzt in Palästina lebenden Juden auf, sich von ihrer israelischen Führung zu trennen und mit den palästinensischen Arabern in dem von ihm zu gründenden Staat zu leben."

Es ist unbegreiflich, daß jene Völkerversammlung, die im Jahre 1947 den Staat Israel gegründet hatte, jetzt der Forderung zustimmt, ihn wieder abzuschaffen. Die UNO 74 ist nicht mehr die UNO 47.

Fünfter Nahostkrieg steht vor der Tür

Verständlicherweise verhärten sich die Fronten auf beiden Seiten. Mehr als 80 Prozent der Israelis hielten bereits Ende November 1974 einen neuen Krieg für unvermeidlich, und 82 Prozent sind überzeugt, daß er mit einer neuerlichen Niederlage der Araber enden werde. Siegesbewußt zeigen sich auch die arabischen Staaten, deren wirksamste Waffe das milliardenschwere Öl ist. Und vor einem weltweiten arabischen Ölboykott werden sich die mächtigsten Industriestaaten der Welt beugen müssen. Man kann Israels Premierminister Rabin verstehen, wenn er „dem alten Moses" vorwirft: „40 Jahre hat er uns durch die Wüste geschleppt, um uns schließlich im einzigen Nahost-Staat anzusiedeln, der keinen Tropfen Öl birgt."

Ob Israel in einem fünften Nahost-Krieg als letzten Ausweg seine atomaren Waffen einsetzen wird?

Alle reden vom Krieg und sehnen sich nach Frieden, aber keiner will nachgeben. Auge um Auge, Zahn um Zahn.

Christen dürfen nicht schweigen

Ich bin in Israel Juden und Arabern begegnet, die Brücken bauen mit der christlichen Friedensbotschaft. Ich sehe keine andere Lösung.

Christen müssen aktiv werden, wenn es um menschenwürdige Existenzrechte der Juden, aber auch der arabischen Palästinenser geht. Oder werden wir deutschen Christen wieder mitschuldig an der „Endlösung der Judenfrage"?

Schalom Ben-Chorin beobachtet drei Entwicklungsphasen in dem jüdisch-christlichen Dialog. Erstens: „Das Gespräch aus der Schuld" begann nach dem zweiten Weltkrieg und bekam mit der Gründung des Staates Israels 1948 eine neue Wende. Zweitens: „Das Gespräch aus dem Staunen" wurde genährt durch den wirtschaftlichen Aufschwung sowie die unbegreiflichen militärischen Siege Israels gegen seinen übermächtigen arabischen Gegner. „Millionen Christen in der Welt haben erkannt, daß es eine heilsgeschichtliche Komponente des Staates Israel gibt, nämlich die Erfüllung jahrtausendealter biblischer Prophezeiung." Drittens: „Das Gespräch aus dem Schweigen" löste „das Gespräch aus dem Staunen" seit dem Yom-Kippur-Krieg (1973) ab. „Es war nämlich zunächst ein lähmendes Schweigen, das sich über uns legte in dieser Stadt Jerusalem mit ihren vielen Repräsentanten christlicher Kirchen." Schalom Ben-Chorin meint, in der jetzigen Phase würden nicht die Kirchen das Gespräch mit Israel suchen, sondern einzelne Christen, die für das bedrängte Israel beten.

7

„Israel ist mein Heimatland"

Der Jerusalemer arabische Pfarrer Haddad sagte zu mir: „Ich freue mich, daß Sie nicht nur Juden über die Verhältnisse in Israel befragen, sondern sich auch bei uns Arabern informieren."

David Haddad macht sich zum Anwalt seiner heimatlos gewordenen palästinensischen Landsleute.

Und der von mir befragte 28jährige Moshe aus Haifa, der im Sechstagekrieg sein rechtes Bein verlor, macht sich zum Fürsprecher der Israelis:

„Israel ist mein Heimatland. Hier bin ich geboren, zwei Jahre, bevor der Staat Israel geboren wurde (1948). Auch meine Kinder und Enkel sollen es erfahren, wie wunderbar Israel für uns ist. Eine Zufluchtsstätte für alle Juden in der ganzen Welt. Ich werde alles tun, um hier wohnen zu bleiben, bis ich sterbe."

1. Auf der „Nili" nach Israel

Im Hafen von Genua herrscht eine gespannte Atmosphäre. Aus Angst vor arabischen Terroristen muß die vorgesehene Stadtrundfahrt ausfallen. Italienische Polizisten und israelische Geheimagenten bewachen die „Nili" an der Kaimauer.

Mißtrauisch blättert ein Zollbeamter in meinem Reisepaß. „Immigration New York" liest er auf Seite sieben besonders aufmerksam. Dann gibt er mir das wichtige Dokument wortlos zurück.

„Führen Sie Waffen bei sich?" fragt mich fast routinemäßig eine uniformierte Jüdin bei der Gepäckkontrolle.

Endlich bin ich auf dem israelischen Schiff. Dienstbeflissen begleitet mich ein freundlicher Steward zu meiner Außenbordkabine Nummer elf. „Gute Reise", sagt er, und ich hoffe es sehr.

Abschied von Genua

Auf dem Promenadendeck finden sich die ersten Passagiere ein. Spannung liegt auf den Gesichtern der Israel-Reisenden: Eine Mischung aus Angst und freudiger Erwartung.

Bevor die „Nili" Kurs auf Haifa nimmt, suchen Froschmänner den gewaltigen Schiffsrumpf nach Explosivkörpern ab. Mit einem dumpfen Sirenengeheul verabschiedet sich dann das moderne 7850 Bruttoregistertonnen schwere Schiff von Genua. Wehmütig winken uns ein paar Hafenjungen nach. Der Wasserstreifen zwischen der Stadt und unserm schwimmenden Hotel wird zusehends breiter. Bald ist kein Land mehr in Sicht, nur noch Wasser. Alle Brücken zum Festland sind abgebrochen.

Auf der Schiffskanzel

Auf dem Maschinendeck sonnen sich zwei Matrosen von 135 Besatzungsmitgliedern; sie freuen sich, als ich mich zu ihnen setze. „Bremen scheen, Hamburg scheen, alles scheen in Deutschland", schwärmt Itzak, wohnhaft in Haifa und aufgewachsen in Ägypten.

Ob die beiden Juden an den Gott Abrahams, Isaaks und Jakobs glauben, möchte ich gern wissen. Ehrfürchtig faltet Itzak seine schwieligen Seemannshände: „Ich habe beten gelernt in einer katholischen Schule in Alexandria." Sein Kollege ergänzt lautstark: „Wir brauchen Gott, er hat uns gemacht. Ohne Gott sind wir nichts."

Noch vor dem Abendessen versammelt sich die „Schiffsgemeinde" zur Begrüßung im Garagendeck. Kapitän Neugeboren und seine Offiziere stellen sich den etwa 500 deutschen Touristen vor. Anschließend erinnert der Schiffspfarrer an den biblischen Kurs:

„Ich hebe meine Augen auf zu den Bergen. Woher wird mir Hilfe kommen? Meine Hilfe kommt von dem Herrn, der Himmel und Erde gemacht hat."

Die bunt zusammengewürfelte Reisegesellschaft bekennt sich größtenteils dazu, unter ihnen Achtzehn- und Achtzigjährige, Hausfrauen und Hebammen, Supermarktverkäufer und Superintendenten.

Sollte eine Katastrophe ausbrechen

Pausenlos rattern die Schiffsmotoren. Drei Tage und drei Nächte sind wir unterwegs. Vorbei geht die Fahrt an italienischen und griechischen Inselgruppen, durch die „Straße von Messina", vorbei an dem noch tätigen Vulkan Stromboli . . .

„Meine Damen und Herren", schallt es durch die Lautsprecher in den Salons und Kabinen, „sollte eine Schiffskatastrophe ausbrechen, begeben Sie sich bitte beim Ertönen des Alarmsignals auf Deck und ziehen Sie Ihre Schwimmweste an. Befolgen Sie die Anweisungen der Offiziere, die Sie in die Rettungsboote begleiten."

Seenotübung!

Eine siebzigjährige Berlinerin hat die Übung verschlafen. Als sie nichtsahnend aus ihrer Kabine an Deck geht und alle Passagiere mit Schwimmwesten antrifft, fällt sie beinahe in Ohnmacht; sie glaubte, die Katastrophe sei da.

Beachtung der mosaischen Speisegesetze

Der leichte Wellengang kann weder einen Seemann noch die meisten Passagiere erschüttern.

Die Seeluft macht aber hungrig, und es schmeckt. Ich greife eine Speisekarte heraus: „Fleischbrühe mit italienischer Pasta. Pariser Schnitzel, Longbranch-Kartoffeln, Spinat in Zitronensaft. Israelischer Fruchtkorb."

Ein orthodoxer Rabbi mit Käppchen und gekräuseltem Vollbart achtet peinlich auf die Einhaltung der mosaischen Speisegesetze.

„Worauf passen Sie besonders auf?" frage ich neugierig den geschäftigen Juden. Der nicht sonderlich deutschfreundliche Rabbiner — er war

KZ-Häftling, und seine Familie ist von deutschen KZ-Schergen vergast worden — antwortet kurz:

„Schweinefleisch und Fische mit bestimmten Schuppen dürfen wir nicht essen. Milch- und Fleischspeisen werden niemals zusammen serviert."

„Heute mittag gab es ein Fleischgericht und zum Nachtisch Sahne", unterbreche ich ihn. Selbstbewußt kontert er:

„Diese Sahne ist aus Pflanzen hergestellt."

Wer weiß!

Beim Kaffeetrinken im festlich gedeckten Speisesalon lerne ich die inzwischen betagte Tochter des ersten bayrischen Ministerpräsidenten Kurt Eisner kennen; der deutsch-jüdische Sozialdemokrat wurde 1921 in München ermordet.

Die ehrwürdige Pfarrfrau belehrt mich: „Wenn Sie den jüdischen Menschen beurteilen wollen, müssen Sie seinen Charakter kennen, dessen hervorstechendsten Merkmale Opposition, Revolution und Kompromißlosigkeit sind." Sie mag rechthaben. Am Ende ihres überaus tragischen Lebens bekennt die tapfere fast Achtzigjährige: „Wenn ich jetzt zurückschaue, ist es mir unbegreiflich, wie der Herr seine Hand über mich gehalten hat."

An Bord der „Nili" weitet sich mein Horizont für Höhen und Tiefen des menschlichen Lebens.

„Ein Schiff, das sich Gemeinde nennt, fährt durch das Meer der Zeit. Das Ziel, das ihm die Richtung weist, heißt Gottes Ewigkeit. Das Schiff, es fährt vom Sturm bedroht, durch Angst, Not und Gefahr, Verzweiflung, Hoffnung, Kampf und Sieg, so fährt es Jahr um Jahr. . ."

Junge, komm nicht wieder

Sonnenhungrig aale ich mich in meinem Liegestuhl. Ferienstimmung breitet sich aus.

„Wo kommt des kleine Vögele her", höre ich eine Schwäbin sagen. „Des isch ja wunderbar. Ob's de Anschluß nach Süden verpascht hat?" Sorglos hat es sich auf den Schornsteinrand gesetzt und zwitschert fröhlich vor sich hin.

Zwei Verliebte schlendern an mir vorbei. Für sie hängt der wolkenlose, tiefblaue Himmel voller Geigen. Später erfahre ich, daß sie auf der letzten „Nili"-Kreuzfahrt Freunde geworden sind. Diesmal erleben sie ihre Flitterwochen.

Abends in der „Karmel-Bar" singt der jüdische Unterhaltungsoffizier Fred Pelz „Muß i denn, muß i denn zum Städtele hinaus und du, mein Schatz, bleibst hier".

Der sympathische Künstler begann seine Karriere in den dreißiger Jahren als Conferencier, Sänger und Dirigent von drei Kapellen, bis er im Jahre 1938 sein „geliebtes Städtele" Berlin fluchtartig verlassen mußte. Adolf Eichmann (verantwortlich für die „Endlösung der Judenfrage") habe ihm das Leben gerettet, gesteht mir Fred Pelz in einer nächtlichen Plauderstunde. „Sie Judenschwein, glauben Sie etwa, Sie könnten uns veräppeln", schnauzte Eichmann den damaligen Berliner Künstler an, als Pelz sich wegen einer mißverständlichen Äußerung in einer kabarettistischen Szene bei der Berliner Gestapo verantworten mußte.

„Eichmann wollte mich gleich ins Gefängnis werfen", erzählt Pelz. „Als mir die Tränen kamen, lenkte Eichmann ein: ‚Sie dirigieren doch drei Kapellen. Morgen früh möchte ich selbst den Taktstock schwingen. Besorgen Sie mir eine Kapelle.'"

Noch am selben Abend erhielt Pelz ein Blitztelegramm aus Jerusalem. Das Jerusalemer Konservatorium hatte ihn eingeladen; die Schiffskarte war von der jüdischen Gemeinde bezahlt worden. Ein Rettungsring in letzter Minute. In Jerusalem angekommen, wäre der eingeladene Sänger am liebsten wieder nach Hause gefahren. „Ich sah nur Esel, langhaarige Juden und schmutzige Araber. Ein entsetzlicher Anblick." Doch ein Telegramm, das letzte Lebenszeichen seiner in der Kristallnacht ermordeten Mutter, ließ ihn in Palästina bleiben: „Junge, komm nicht wieder."

„Israel wird nicht untergehen"

Für unzählige Juden ist die Schiffsroute Genua—Haifa die Traumstraße in eine bessere Zukunft geworden. Sehnsüchtig werden sie Ausschau gehalten haben nach dem Land ihrer Väter — deutsche, polnische und russische Juden. „Eine Heimkehr, keine Emigration, auch kein touristisches Reiseerlebnis", wie Max Brod es in seinem Aufsatz „Mein Land, mein Schicksal" formuliert. „Ich begreife die frommen Juden, die zu beten begannen, als die Sandküste und die niedrigen Hügel unseres Landes am Horizont aus den grauen Fluten auftauchten und schaukelnd wieder hinabsanken."

Am Bug der „Nili" finden sich immer mehr Passagiere ein. Am Horizont taucht das „gelobte Land" auf — an einem herrlichen Oktobermorgen. Bald darauf ist das erste Lebenszeichen von Israel in Sicht. Ein Ruderboot schaukelt über das offene Meer; die beiden mutigen Seeleute werden stürmisch begrüßt. Ein Bild für den einsam gewordenen Juden im Völkermeer. Wehe, wenn der Sturm der Verfolgung losbricht!

Unser Schiff heißt „Nili", und „Nili" heißt abgekürzt: „Israel wird nicht untergehen."

Auf der Steuerbordseite marschiert ein mehrmaliger Israel-Reisender ungeduldig hin und her — wie ein eingesperrter Vogel vor der Käfigtür. „Israel ist ein aufregendes Land", ruft er mir im Vorbeigehen zu. „Sie werden es erleben!"

Wenn man demnächst wieder von Bord geht . . .

Fast geräuschlos windet sich die „Nili" durch die „Hafenstraßen" von Haifa. An den Kaimauern liegen Frachter aus zahlreichen Ländern, dahinter Lagerschuppen und Krananlagen wie in Rotterdam, Hamburg oder Bremen.

Kein Hauch von orientalischer Romantik!

Fünf israelische Marinesoldaten dösen auf ihrem Zerstörer gelangweilt vor sich hin. Lässig winken sie uns zu, und mindestens dreihundert Hände erheben sich zum Gruß.

Solche spontanen Sympathiekundgebungen für Israel haben Seltenheitswert. Warum eigentlich?

Das Schiff liegt endlich vor Anker, und die Touristen drängen sich vor dem Ausgang.

Ich werde an Malcolm Muggeridge erinnert; er vergleicht sich mit einem Seefahrer, der sich am Ende seines Lebens dem Bestimmungshafen nähert: „Als ich mich einschiffte, machte ich mir Gedanken darüber, ob ich wohl eine Außenbordkabine bekäme, ob man mich auffordern würde, am Kapitänstisch Platz zu nehmen, wer wohl zu den bedeutendsten und attraktivsten Passagieren gehören könnte. Derartige Überlegungen werden witzlos, wenn man demnächst wieder von Bord geht."

2. Haifa – Herzl's Stadt der Zukunft

Wie ein Wachtposten erhebt sich Israels größte Hafenstadt über den glitzernden Strand des Mittelmeeres; es klammert sich förmlich an die fruchtbaren Hänge des Karmels.

Die „Nili" — unser israelisches Schiff, das uns von Genua nach Haifa gebracht hat — liegt an der Kaimauer. Ungeduld macht sich unter den Menschen an der Reling breit. Die Hafenarbeiter streiken, Warnstreik. Die Passagiere müssen an Bord bleiben.

Triste Hafenanlagen starren mich an, dahinter türmen sich zweckmäßig konstruierte weiße Wohnhäuser auf, die sich terrassenförmig an das sonnenbeschienene Karmelgebirge anschmiegen. „Fotografieren verboten", lese ich auf unübersehbaren Schildern im Hafengelände.

Es ist soweit. Der Streik ist beendet. An grinsenden Hafenarbeitern vorbei betreten wir das „gelobte Land". Auf den ersten Blick wirkt es nicht gerade lobenswert. In einer riesigen Halle stehen endlose Schlangen ein- und ausreisender Touristen und Israelis. Paß und Gepäck werden unter die Lupe genommen. Den Israelis entgeht nichts. Unauffällig schlendern Sicherheitsbeamte durch die Reihen.

Ich spreche einen etwa 60jährigen Polizisten mit der Dienstnummer 15 820 auf ein Portrait von Theodor Herzl an, dem einzigen Schmuck an der Stirnwand der Empfangshalle. „Er ist der Gründer unseres Staates", antwortet er routinemäßig, aber nicht ohne Stolz. Unter dem Bild des bärtigen, energisch dreinschauenden Mannes stehen die Worte: „Wenn ihr wollt, ist es kein Märchen."

„Wenn ihr wollt, ist es kein Märchen"

Achtzig Jahre früher. Der österreichische Journalist Theodor Herzl setzte sich in seinem Buch „Der Judenstaat" (1896) für die Gründung eines neuen Israels ein. Den entscheidenden Anstoß dazu hatte er im vollgepfropften Saal des Kriegstribunals zu Paris erhalten. Herzl war Frankreich-Korrespondent für die Wiener „Neue Freie Presse" und berichtete über den Prozeß des Jahrhunderts. Auf der Anklagebank saß Hauptmann Alfred Dreyfuß, der einzige Jude im französischen Generalstab. Er wurde beschuldigt, für Deutschland spioniert zu haben. Als ihm im Januar 1885 die Schulterstücke von der Uniform gerissen worden waren, hatte die

Menge getobt: „Tötet die Juden." Herzl war von der Unschuld des Offiziers überzeugt — sehr zu Recht, wie sich später herausstellte.

Herzl, der dabei war, hatte damals eine Vision. Er sah das „Gelobte Land", „wo wir krumme Nasen, schwarze und rote Bärte und gebogene Beine haben dürfen, ohne darum schon verächtlich zu sein".

Im Jahre 1897 berief Herzl den ersten Zionisten-Kongreß nach Basel ein, auf dem folgende Resolution verabschiedet wurde: „Der Zionismus erstrebt für das jüdische Volk die Schaffung einer öffentlich rechtlich gesicherten Heimstätte in Palästina!"

Herzl, der 1904 an einem Herzmuskelschaden starb und heute auf dem Herzl-Berg in Jerusalem begraben liegt, erlebte nicht mehr die Erfüllung seiner Vision.

„Wenn ihr wollt, ist es kein Märchen." Dieses „Märchen" wurde wahr, freilich anders, als Herzl sich den neuen Staat Israel vorgestellt hatte. Er träumte von einer Gesellschaft ohne Herren und Knechte, von einem Land des Friedens.

Der jüdische Polizist im Hafen von Haifa hätte gewiß den Idealvorstellungen Theodor Herzls entsprochen.

„Wir lieben alle Menschen", sagt er stellvertretend für seine israelischen Landsleute.

„Auch die Deutschen?" frage ich.

„Wenn sie sich ruhig und ordentlich in Israel verhalten und die Juden lieben und keinen Terror machen, sind sie herzlich willkommen." Ich frage weiter:

„Und was halten Sie von Ägypten?"

„Es sind gute Menschen", sagt er, „nur die Regierung ist schlecht."

„Es fließt über von Milch und Honig"

Unsere „Guides", die israelischen Reiseführer, sind inzwischen auch eingetroffen. Sie sind die besten Botschafter Israels. Geschichte, Kunst und Kultur, Geologie, Archäologie — alles scheinen sie studiert zu haben. Geschichte — das ist für sie Altes Testament, und auch das Neue kennen sie, wie sich später herausstellte, besser als mancher christliche Gast.

Unser Guide heißt Zwi Wallach. Der 51jährige Jude erzählt mir, er sei ein Nachkomme Aarons und habe das Recht, das Volk zu segnen. Wenngleich er mit den Wundern des Alten Testaments nichts anzufangen weiß, glaubt er doch an einen Schöpfergott: „Das kann unmöglich alles von selbst entstanden sein", bekennt der in Wien aufgewachsene Israeli. Aufgeteilt nach den zwölf Stämmen Israels, löst sich unsere 500köpfi-

ge Reisemannschaft aus Deutschland und der Schweiz auf. Die Stammes-
genossen hasten zu ihren beschilderten Bussen: Ruben, Simeon, Juda,
Isaschar, Levi, Benjamin, Sebulon, Joseph, Manasse, Asser, Naphtali und
Gad.

Ich gehöre zum Stamm Levi, dem Priestergeschlecht.

Die Reise durch Israel kann beginnen.

Haifa, die Stadt der Zukunft

Zwi, unser Reiseführer, stellt seinen Busfahrer Isaak vor, und schon
startet der ehemalige Panzerfahrer zur Rundfahrt durch Haifa. „Wir
fahren jetzt durch die Unabhängigkeitsstraße", dröhnt es durch den
übersteuerten Lautsprecher. „Im Jahre 1962 floß hier noch das Mittelmeer."

Haifa hat eine turbulente Geschichte hinter sich. Schon in prähisto-
rischen Zeiten war der Karmel-Berg bewohnt. Das bezeugen Funde von
Skeletten und Werkzeugen.

Haifa, das einstige jüdische Fischerdorf, das sich im 11. Jahrhundert
zu einem blühenden jüdischen Gemeinwesen entwickelte, wuchs unter
späterer moslemischer Herrschaft zu einer bedeutenden Stadt heran. Im
Jahre 1100 wurde es von den christlichen Kreuzfahrern zerstört. Seine
jüdische Bevölkerung starb aus.

Später verfiel die Stadt, und als Rabbi Benjamin Tudela, der berühmte Reisende des 12. Jahrhunderts, sie besuchte, fand er keinen Juden unter der Bevölkerung. Erst am Ende des 19. Jahrhunderts, als die zerstreuten Juden in ihr Land zurückkehrten, blühte die Stadt wieder auf. Herzl
war es, der Haifa in seinem Roman „Altneuland" „als Stadt der Zukunft" des erträumten Israels bezeichnete. Heute leben dort 210 000
Israelis.

Der goldene Bahai-Tempel

Mühsam schlängelt sich unser Bus durch die baumumsäumten Straßen am
Karmelberg empor. „Hier haben sich die aus Deutschland eingewan-
derten Juden niedergelassen", erklärt Zwi. Ein vornehmes, sauberes
Viertel.

Wir besichtigen einen bezaubernden persischen Garten, an dessen
Rand das monumentale Wahrzeichen von Haifa „gen Himmel schreit":
der berühmte Bahai-Tempel.

Seit der Verbannung Bahaullahs, des Begründers der Bahai-Religion, im Jahre 1868 nach Akko ist das „Heilige Land" das internationale Zentrum und der Mittelpunkt der Bahai-Pilgerreisen geworden. Bereits 1972 zählte diese Religion 56 654 Zentren in 134 unabhängigen Ländern, und ihre Literatur wurde in 400 Sprachen übersetzt.

Die Bahai-Religion lehrt, daß Gott die menschliche Rasse durch eine Reihe von Propheten erzieht, die im Verlauf der Geschichte erschienen sind und immer wieder erscheinen werden: Mose, Buddha, Christus, Mohammed und nun Bahaullah.

Unheimliche Stille

Eine unheimliche Stille herrscht im vergoldeten Bahai-Schrein, wo Bab, der Märtyrer-Herold der Bahai-Religion, begraben liegen soll. Bab war 1850 im Alter von 31 Jahren wegen seiner „vorurteilslosen religiösen Lehren" in Persien hingerichtet worden und wird nun wie ein Gott verehrt. Wer die heilige Stätte, ausgestattet mit kostbaren Orientteppichen und Kristallüstern, betreten will, muß seine Schuhe ausziehen. Es darf kein Wort gesprochen werden. Eine Tempelwächterin achtet darauf, daß jeder Besucher diese Gebote befolgt.

In mittelbarer Nachbarschaft hat Elia den Kampf gegen die Baalspriester aufgenommen. Noch heute nennen die Araber den Karmel-Berg „Muchrara", d. h. Brandstätte. Die Bibel fängt auf einmal an zu leben.

Ob der unerschrockene Gotteszeuge Elia im Bahai-Tempel, dem „goldenen Wahrzeichen von Haifa", auch geschwiegen hätte?

Oder hätte er — wie damals auf dem Karmelberg vor seiner erfolgreichen Auseinandersetzung mit den Baalpriestern — zu Gott gebetet:

„Herr, Gott Abrahams, Isaaks und Jakobs. Laß heut kund werden, daß du Gott in Israel bist, und ich dein Knecht!" (1. Könige 18, 36).

3. Tiberias – Menschen im Hotel

Es wird Nacht in Tiberias am See Genezareth. Meine erste Nacht in Israel. Gespensterhaft wirken drei Jeeps mit UN-Kennzeichen, die alarmbereit vor einem hellerleuchteten Hotel parken. Regelmäßig müssen die UNO-Beobachter die Vereinten Nationen in New York über Feindseligkeiten zwischen Israelis und Syrern auf den benachbarten Golanhöhen informieren. Und wenn's wirklich knallt, hört niemand auf den ohnmächtigen Schiedsrichter in New York. Mir tun die braven UN-Soldaten leid; sie dürfen selbst nicht schießen, werden aber oft „versehentlich" Ziel tödlicher Schüsse.

Römische Offiziere kamen schon vor zweitausend Jahren nach Tiberias, aber nicht nur wegen der rebellierenden Juden, sondern wegen der heißen Quellen, die bis heute rheumatische Beschwerden lindern.

„Bei uns in Tiberias passiert nichts"

Auf unserem Spaziergang durch den nächtlichen Kurort treffen wir Leviten Reisegefährten des Stammes Ruben, die ebenfalls in Tiberias nächtigen wollen. Sie kommen wie gerufen. Bei der Ausschiffung in Haifa ist der Reisekoffer einer betagten „Levitin" versehentlich im Bus „Ruben" verstaut worden. Irgendwo in Israel mußte das unentbehrliche Gepäck sein, aber wo!

Beladen mit der „heißen Fracht" halte ich auf menschenleerer Straße ein Taxi an.

„Haben Sie keine Angst, spätabends wildfremde Menschen mitzunehmen?"

„Bei uns in Tiberias passiert nichts. Juden und Araber kommen gut miteinander aus", antwortet der ergraute Chauffeur gelassen.

Ich verstehe die Welt nicht mehr. Noch vor fünf Tagen mußte unsere Stadtrundfahrt in Genua aus Angst vor arabischen Terroristen ausfallen, und hier, wo Juden und Araber in derselben Stadt wohnen und der syrische Todfeind in unmittelbarer Nähe ist, läßt man sich nicht aus der Ruhe bringen? Wer immer mit der Angst leben muß, gewöhnt sich schließlich daran.

Der Taxifahrer läßt die Maske seiner Gelassenheit erst fallen, als ich ihm 10 israelische Pfund in die Hand drücke. „Schalom", ruft er uns nach und schlägt die Wagentür zu.

Unsere Reisegenossin ist außer sich vor Freude über den vom Himmel gefallenen Koffer. Für sie ist die Welt wieder in Ordnung.

Eine geschichtsträchtige Stadt

Anschließend höre ich Nachrichten, ausgestrahlt vom israelischen Fernsehen. Wieder Schießereien auf den Golanhöhen. Wieder Terroraktionen an der libanesischen Grenze.

Nebenan im Foyer lassen sich der jüdische Hotelier und seine Hausfreunde die gute Laune nicht verderben. Sie schwelgen in letztjährigen Urlaubserinnerungen: München, Stockholm, Amsterdam. Ein lautstarkes Kauderwelsch mit deutschen, englischen und hebräischen Wortfetzen. Ab und zu schaut der Chef mißtrauisch zu mir herüber. Vielleicht hält er mich für einen Geheimagenten, weil ich von ihm wissen wollte, wie man mit Golda Meir Kontakt aufnehmen könnte.

Im übrigen strahlt er dieselbe Gelassenheit aus wie der Taxifahrer vorhin; sie fühlen sich wohl in Tiberias. Neben einer arabischen Minderheit leben 23 900 meist aus Westeuropa eingewanderte Juden in dieser bezaubernden galiläischen Stadt.

Der jüdische König Herodes Antipas hatte sie nach seinem römischen Kaiser Tiberius genannt. Um das Jahr 19 n. Chr. ließ er die Stadt erbauen und einen jüdischen Friedhof ausgraben, weshalb Tiberias in den Augen der Juden als unrein galt. Jesus scheint sie bei seinen Wanderungen durch Galiläa nie betreten zu haben. Erst nach der Zerstörung Jerusalems (70 n. Chr.) durch den römischen Feldherrn Titus flüchteten die aus Judäa vertriebenen Juden nach Tiberias; es wurde zum geistigen Zentrum des späteren Judentums.

Hier wurden 200 n. Chr. die „Mischna" (Unterweisung der Gesetzeslehrer) und nach weiteren 200 Jahren der palästinensische Talmud abgeschlossen (Der Talmud setzt sich zusammen aus der „Mischna" und der „Gemara", einer Sammlung von Lehrgesprächen über die „Mischna"). Die berühmtesten jüdischen Schriftgelehrten, Maimonides und Rabbi Akiba, liegen in Tiberias begraben. Rabbi Akiba ist während des jüdischen Aufstandes 135 n. Chr. ums Leben gekommen.

Eine halbverfallene Moschee aus der Türkenzeit und Mauerreste der Kreuzfahrer sollten nach Auskunft eines älteren Reiseführers möglichst nicht aufgesucht werden, weil Tiberias als Residenz der Flöhe bekannt sei. Ein arabisches Märchen aus Tausendundeiner Nacht?

Der alte Mann an der Theke

Bis tief in die Nacht hinein studiere ich jüdische Menschen im Hotel. Hinter der Theke im Foyer des Hotels schenkt ein düster dreinschauender Greis eisgekühlte Getränke aus. Nur mühsam komme ich mit dem Zweiundachtzigjährigen ins Gespräch. Der gebürtige Schlesier lebt seit 40 Jahren in Tiberias; er erinnert mich an jene tragische Gestalt, die Ernest Hemmingway in seiner Kurzgeschichte „Der alte Mann und das Meer" vorstellt, jenen glücklosen Fischer, dem in seinen alten Tagen ein riesiger Fisch an die Angel geht und der dann auf hoher See vor den Haien kapituliert.

„Nichts ging den alten Fischer mehr an, und er segelte sein Boot so gut, wie er konnte. . . . Als er in den kleinen Hafen hineinsegelte, waren die Lichter der Terrasse aus, und er wußte, daß alle schliefen . . ."

In Tiberias sind die Lichter noch nicht erloschen. Aber der alte Mann hinter der Theke ist müde nach einem langen, heißen Tag; vielleicht sogar lebensmüde. Ihn interessiert nichts mehr, weder Gott noch die Welt. Er schenkt aus und kassiert und zählt mühsam das Kleingeld.

Gewiß hat er früher mal voller Erwartung aufs Meer seiner Wunschträume geschaut. Sollte er auch einen riesigen Fisch an der Angel gehabt haben, der von den gierigen Haien gefressen worden ist? Ich möchte ihn nicht danach fragen.

Simon lächelt über den Gott Israels

Ein aufgeweckter Junge, Simon, hilft dem Alten; sie verstehen sich gut, der achtzehnjährige Oberschüler und der zweiundachtzigjährige Greis.

Seine aus Italien eingewanderten Eltern leben schon in der vierten Generation in Tiberias. Für ihn hängt der Himmel noch voller Geigen. Der drahtige Bursche ist fasziniert von der Welt der Wissenschaft, von Albert Einstein und Armstrong, dem ersten Mann auf dem Mond. Mit Jesus von Nazareth weiß er nichts anzufangen. Immerhin ist ihm bekannt, daß dieser Jesus in Nazareth — etwa 50 km von Tiberias entfernt — seine Jugendzeit verbracht hat. Für den Gott seiner jüdischen Väter hat er nur ein müdes Lächeln übrig. Wahrscheinlich sieht der wissenschaftsgläubige junge Jude sechzig Jahre später ebenso freudlos in diese Welt wie der Alte hinter der Theke. Als Ernest Hemmingway durch Selbstmord aus diesem Leben schied, hinterließ er der Nachwelt sein Glaubensbekenntnis:

„Unser Nichts, das du bist im Nichts, geheiligt werde das Nichts! Mein Leben ist ein dunkler Weg, der nach nirgendwo führt . . ."
So endet ein Leben ohne Gott!

Herr, wir gehen unter

Kurz vor Mitternacht gehe ich schlafen. Direkt meinem Hotelzimmer gegenüber liegt das Filmtheater „Elishiva". Nachtvorstellung. Es läuft ein knallharter Krimi. Pausenlos wird geschossen. Die Fenster im Vorführraum sind sperrangelweit auf. Schreie gellen durch die Nacht. Endlich sind alle Leinwandgangster tot. Das Kino ist aus.

Aber in meinem Kopf läuft der Film des verflossenen Tages noch einmal ab, freudige und traurige Szenen.

Und schließlich wandern meine Gedanken zum nahe liegenden See Genezareth hinüber:

„Eines Tages stieg Jesus mit seinen Jüngern in ein Boot und sagte zu ihnen: Wir fahren ans andere Ufer . . . Unterwegs schlief Jesus ein. Plötzlich kam ein Sturm auf. Das Wasser schlug ins Boot, und sie waren in großer Gefahr. Die Jünger weckten Jesus und riefen: Herr, wir gehen unter. Jesus stand auf und bedrohte den Wind und die Wellen. Da wurde es ganz still. Dann sagte er zu seinen Jüngern: Wo ist euer Vertrauen?"

4. Vom See Genezareth zu den Golanhöhen

„Guten Morgen, Herr Jesus", hörte ich fünf ehemalige Schauspieler des berüchtigten Hippie-Musicals „Hair" singen, als ich sie unmittelbar nach ihrer Bekehrung in Siegen besuchte. Jahrelang irrten die beiden jungen Mädchen und drei Männer aus fünf Nationen durch die Nacht der Sinnlosigkeit, bis ihnen durch den Glaubenskontakt mit Jesus ein neuer Tag anbrach. Ich werde ihre strahlenden Gesichter nicht los.

„Guten Morgen, Herr Jesus", würde ich am liebsten singen, als ich frühmorgens am Ufer des Sees Genezareth stehe. Ein See von bezaubernder Schönheit inmitten der galiläischen Berge. Es ist Sabbat, ein herrlicher Sonnentag.

Von einem weißen Motorschiff, das uns von Tiberias nach Kapernaum bringen soll, springt ein braungebrannter, kahlgeschorener Schiffsjunge ins Wasser. Nach wenigen Schwimmzügen rangelt er sich an zwei eingerammten Holzpfählen wie ein flinkes Eichhörnchen hoch und befestigt die Schiffstaue am Ufer. Wir gehen an Bord des Schiffes mit der flatternden Nationalflagge, und der kühne Wasserspringer lächelt uns herausfordernd an, als wollte er sagen: „Hab' ich das nicht großartig gemacht?"

Umkämpfte Golanhöhen

Am jenseitigen Ufer erheben sich die heiß umstrittenen Golanberge, heute israelisches Gebiet, bis zum Sechstagekrieg (1967) syrische Stützpunkte. Jedesmal, wenn die galiläischen Fischer ihre Netze auswarfen, peitschten tödliche Salven aus syrischen Maschinenpistolen. Auch die Kibbutzniks mußten ihre Äcker am Fuße der Golanhöhen mit gepanzerten Traktoren bestellen, und nachts schliefen diese israelischen Grenzbewohner in unterirdischen Bunkern.

Obwohl im Jahre 1949 im israelisch-syrischen Waffenstillstand die Golanberge als „entmilitarisierte Zone" deklariert wurden, setzte sich sehr bald syrische Artillerie dort fest, die noch im letzten Yom-Kippur-Krieg (1973) den sich verzweifelt zur Wehr setzenden Israelis hart zusetzte.

Trotz früherer israelischer Beteuerungen, daß man keinen Fußbreit Boden auf den Golanhöhen abgeben würde — es sei denn, man käme zu einem verbrieften Frieden mit Damaskus —, hat sich die israelische Regierung auf Drängen des amerikanischen Außenministers zur Räumung der erorberten syrischen Stadt Kuneitra bereiterklärt. Kuneitra bildet die Grenze zwischen dem israelischen und syrischen Golangebiet. Von dieser Stadt aus kann man das tiefer gelegene israelische Gelände einsehen und wirksam unter Beschuß nehmen.

Die israelische Kompromißbereitschaft löste keine Freudentänze bei den galiläischen Grenzbewohnern aus. Und der syrisch-israelische Waffenstillstand wird skeptisch betrachtet. „Ich lebe seit meiner Geburt in Israel", klagte ein 48jähriger Geschäftsmann aus Tel Aviv, „und ich habe es noch nie erlebt, daß die Syrer ihr Wort gehalten hätten."

Inzwischen haben syrische Einheiten entgegen den Vereinbarungen Kuneitra wieder besetzt. Eine unheimliche Ruhe vor dem nächsten Sturm.

Andacht in der Gefechtspause

Nach dem Yom-Kippur-Krieg gleicht der ehemalige Weingarten der Könige David und Salomo einem Trümmerfeld. Stahlgerippe ausgeglühter Armeelastwagen, rußgeschwärzte Panzer und die bizarr gezackten Überrechte zerborstener Artilleriegeschütze bedecken kilometerweit den aufgewühlten Boden. Als wir am nächsten Tag auf die Golanberge fahren, um das Denkmal für die gefallene israelische Golanbrigade zu besichtigen, steuern vor uns UNO-Soldaten ihren Jeep mit gehißter roter Flagge an die Front. Kriegsgefahr. Es wird wieder geschossen.

Während des Yom-Kippur-Krieges fotografierte ein amerikanischer Reporter in diesem Gebiet zwei strenggläubige Israelis, die in einer Gefechtspause auf der Plattform ihres Centurion-Panzers eine Morgenandacht verrichteten. Dieses Bild ging durch die Weltpresse: Gebetsmäntel verdeckten ihre Kampfanzüge. Am linken Arm und auf der Stirn trugen sie die vorgeschriebenen Gebetsriemen. Auf jedem Riemen war ein schwarzes Kästchen befestigt, das vier auf Pergament geschriebene Texte aus den fünf Büchern Moses enthielt.

Wenn Sie auf eine Mine treten

Irgendwo in diesem Trümmerfeld fuhren am 17. Oktober 1973 ein deutscher und ein englischer Journalist mit einem Peugeot an die israelisch-syrische Front. Während der Engländer Nick Tamolin einen lahmgelegten Panzer fotografieren wollte, vernahm sein deutscher Kollege Ihrt plötzlich ein merkwürdiges Geräusch. Ihrt: „Ich drehe mich um und sehe in etwa 100 Meter Entfernung einen Flugkörper, der mit mittlerer Geschwindigkeit gut sichtbar auf uns zufliegt. Ich werfe mich auf den Boden. Die Rakete verfehlt mich seitlich etwa um fünf Meter, dann Einschlag. Mein Wagen steht sofort in Flammen. Nick Tamolin kann ich nicht sehen. Dann ein Schrei: ‚Ich sterbe.' Diesen Schrei werde ich mein ganzes Leben nicht vergessen."

Ich fotografiere einen zerschossenen Panzer. Unser „Guide" Zwi ruft mir energisch zu: „Verlassen Sie auf keinen Fall den markierten Weg. Wenn Sie auf eine Mine treten, gehen Sie hoch."

Heute abend geschlossen

Unser kleines weißes Schiff hat inzwischen abgelegt und tuckert friedlich über den spiegelglatten See. Die Araber nennen ihn „Auge Gottes", und die Juden sagen „Kinnereth", weil er einer Harfe gleicht.

Kapernaum, von Eukalyptusbäumen und stolzen Palmen umstanden, rückt immer näher. Links daneben wird die von Benediktinermönchen errichtete Hallenkirche, auch Brotvermehrungskirche genannt, sichtbar. Bereits um 385 will die christliche Pilgerin Aetheria an dieser Stelle eine Brotvermehrungskirche gesehen haben. Hier soll die Speisung der Fünftausend gewesen sein.

Eine Woche später unterhalte ich mich mit dem Klöckner der Erlöserkirche zu Jerusalem über das mangelnde christliche Engagement mancher Kirchen. „Diese Namenschristen", ereifert sich der Klöckner, „haben Jesus zum Brotkönig umfunktioniert, aber sie stellen sich nicht seinem Anspruch, und darum entzieht sich Jesus ihnen — wie damals bei der Speisung der Fünftausend." Sein verfinstertes Gesicht nahm wieder freundliche Züge an, als er fortfuhr: „Wenn aber Juden und Araber seine Lebensworte ‚essen', passiert das Wunder der Gemeinschaft, dann gibt es keine Unterschiede mehr." Ich muß ihn wohl ungläubig angeschaut haben. „Wenn Sie es nicht glauben wollen, besuchen Sie die christliche Teestube in der Prophetenstraße 33." Ich nahm ihn beim Wort und marschierte an einem freien Abend dorthin. „Heute abend geschlossen", lese ich auf einem Schild. Hoffentlich nicht jeden Abend!

Utopie eines Träumers?

Neben der Brotvermehrungskirche liegt der Berg der Seligpreisungen. Auf den grünbewachsenen „Hörnern von Hittim", den Resten eines uralten Vulkans, soll Jesus die Bergpredigt gehalten haben.

„Selig sind, die Hunger und Durst nach der Gerechtigkeit Gottes haben; denn sie sollen gesättigt werden.

Selig sind die Friedensstifter; denn sie werden Söhne Gottes genannt werden."

Martin Luther King hat die Bergpredigt ernstgenommen: „Gewaltlose Revolution erreicht mehr als Krieg mit Blutvergießen."

„Herr, sprich nur ein Wort"

Unser weißes Boot hat „das andere Ufer" erreicht. Wir sind in Kapernaum, einst eine blühende Handelsstadt an der Karawanenstraße von Damaskus zum Mittelmeer. Heute bestaunen zahlreiche Besucher nur noch die Ruinen einer von Franziskanermönchen freigelegten Synagoge aus dem 2. nachchristlichen Jahrhundert. Wahrscheinlich ist dieses Gotteshaus mit seinen jüdischen Ornamenten auf demselben Fundament erbaut wie die von dem römischen Hauptmann von Kapernaum gestiftete Synagoge aus der Zeit Jesu. „Solchen Glauben habe ich in ganz Israel nicht gefunden", lobte Jesus den römischen Offizier, der sich in seiner Not ihm anvertraute: „Herr, sprich nur ein Wort, und mein Kind ist gesund."

Ein israelischer Offizier schlendert an mir vorbei, selbstbewußt, ein bißchen verwegen aussehend, aber aufgeschlossen für die schriftlichen Erklärungen der christlichen Mönche.

Von New York nach Kapernaum

Auf einer Tafel lese ich „Haus des Petrus". Dahinter werden Reste einer Rundkirche aus dem 7. Jahrhundert sichtbar, direkt neben der Synagoge. Ob früher auf demselben Fundament das Haus des Fischers Petrus gestanden hat? Niemand weiß es genau.

Neugierig mische ich mich unter eine amerikanische Reisegruppe. Auf der Plakette einer farbigen Teilnehmerin steht: „Patricia Johnson, New York, Holy Land Tours." Um ihren farbigen Pastor geschart, hören die schwarz- und weißhäutigen Christen andächtig zu:

„Jesus kam nach Kapernaum und lehrte dort am Sabbat in der Synagoge . . . Sobald sie dann die Synagoge verlassen hatten, begaben sie sich in das Haus des Simon Petrus. Und die Schwiegermutter hatte das Fieber. Jesus trat zu ihr und richtete sie auf. Am Abend aber, als die Sonne untergegangen war, brachte man alle Kranken und Besessenen zu ihm, und er heilte viele . . ."

Der temperamentvolle Negerpfarrer schließt seine abgegriffene Bibel; er selbst ist ergriffen und geht schweigend weiter. Ob er an die „Kranken und Besessenen" in seiner New Yorker Gemeinde denken muß, die Jesus im 20. nachchristlichen Jahrhundert geheilt hat? Er ist derselbe, gestern, heute und derselbe auch in Ewigkeit. —

Ich spreche einen etwa 35jährigen Araber an; er freut sich, daß ich ihn nach Jesus frage. „Es fällt mir nicht schwer, an Jesus zu glauben", bekennt er freimütig. „Ich bin in der Nähe von Kapernaum geboren. Hier hat Jesus seine Wunder getan."

„Heute auch noch?" frage ich.

„Oh, ja, ich lebe täglich von dem Wunder seiner Liebe. Sogar die Juden kann ich lieben."

5. Am Anfang stand der Kibbuz

Das waren noch „wüste" Zeiten, als im Jahre 1910 zehn wagemutige Männer und zwei Frauen auf dem Sumpfboden am Ostufer des Jordans, südlich vom See Genezareth, ihre Hütten aufstellten und den Boden urbar machen wollten.

Das Land bot nicht gerade einen sehr gastlichen Anblick. Kahle Berge im Norden, ausgedehnte Sumpfgebiete mit ärmlicher Vegetation in der Mitte und trostlose Wüste im Süden.

Die aus Osteuropa eingewanderten Juden gründeten den ersten Kibbuz („Gruppe") und gaben ihm den Namen „Degania" („Weizen").

Wirtschaftliche Not, aber auch die berechtigte Angst vor nächtlichen Überfällen ihrer arabischen Nachbarn zwangen die abenteuerlichen Pioniere zur gemeinsamen Aktion.

Moshe Dayan, der legendäre einäugige General und Verteidigungsminister der Golda-Meir-Ära, schilderte in der amerikanischen Zeitschrift „Esquire" jene Konfliktsituation:

„In einem wichtigen Punkt war mein Leben ein Fehlschlag. Ich nahm mir vor, Farmer zu werden, und ich glaube, ich hätte einen ganz guten Farmer abgegeben. Und doch habe ich den größten Teil meines Lebens als Soldat in Waffen zugebracht. Ich wurde 1915 in einem Kibbuz (Degania) nahe des Sees Genezareth geboren. Er war ein malariaverseuchter Sumpf gewesen. Mein Vater und seine Kameraden hatten ein Gebiet gerodet und es, nachdem es Jahrhunderte vernachlässigt worden war, wieder fruchtbar gemacht . . ."

„Ich habe den Kampf so satt"

Heute ist Degania eine üppige Oase. Isaak stoppt seinen Bus vor einem riesengroßen Bananenhain in unmittelbarer Nähe des sanft dahinfließenden Jordans. Wie oft ist dieser biblische Fluß besungen worden, vor allem in den christlichen Liedern der tyrannisierten Neger Amerikas: „Leg' ab meine Lasten drunten am Uferrand; denn ich habe den Kampf so satt."

Am Rande des Kibbuz „Degania" steht ein verrosteter syrischer Panzer unter Denkmalschutz. Zwi, unser Reiseführer, klettert auf das erbeutete Kriegsfahrzeug und erzählt uns seine Geschichte.

Noch am Tage der Staatsgründung Israels (1948) erklärten die arabi schen Nachbarstaaten den meist wehrlosen Israelis den Krieg. 26 syrische Panzer waren auf dem Weg nach Degania. Die Kibbuzniks hatten Schützengräben ausgehoben und waren lediglich mit selbstgebastelten Molotow-Cocktails und Handgranaten ausgerüstet. Im Schützengraben kauerte ein etwa 12jähriger Junge, der dem ersten anrollenden Panzer eine Sprengstoffladung zwischen die Raupen feuerte. Während der Panzer sich im Kreise drehte, sprang der Junge blitzschnell hinauf, öffnete die Luke und zündete eine Handgranate. Daraufhin ergriffen die übrigen Panzer panikartig die Flucht — David und Goliath.

Kibbuznik — Symbol einer jungen Nation

Auf unserer Rundreise durch Galiläa stoßen wir überall auf große und kleine Kibbuzim. „Degania" hat den Stein ins Rollen gebracht, und jetzt gibt es in Israel fast 250 Kibbuzim mit nahezu 100 000 Kibbuzniks. Der Kibbuznik wurde zum Symbol einer jungen Nation, eine Kombination von Intellektuellen, Bauern und Soldaten. Das seit Jahrhunderten brachliegende palästinensische Land wurde den Arabern abgekauft. In den meisten Fällen erwarb der „Jüdische Nationalfonds" und die „Jewish Agency" den Boden als unveräußerliches Nationaleigentum und verpachtete das Land an jüdische Siedler. Es gibt Gemeinschaftssiedlungen mit 1 500 Mitgliedern und solche, die nur einige Dutzend Einwohner zählen. Seit der Staatsgründung ist die landwirtschaftliche Produktion um das Sechsfache gestiegen. Ferner vergrößerte sich die bewässerte Anbaufläche um das Fünffache. Jaffa-Orangen, Pampelmusen, Weintrauben, Oliven und Gemüse gehören zu den wichtigsten Exportartikeln Israels. Während im Jahre 1949 272 700 Tonnen Zitrusfrüchte geerntet wurden, waren es im Jahre 1970 bereits 1 261 900 Tonnen.

Die Bewässerung des Bodens ist für die landwirtschaftlichen Erträge von entscheidender Bedeutung. Das größte Wasserprojekt ist die Rohrleitung vom See Genezareth zur Negev-Wüste, die im Jahr 320 Millionen Kubikmeter Wasser befördern kann.

Israelische Wissenschaftler wollen die Negev-Wüste zum Blühen bringen mit Hilfe von Brackwasser. Im Jahre 1973 hat das Institut für Grundwasserforschung der Hebräischen Universität erstmals Brackwasservorkommen unter dem Negev lokalisiert. „Es gibt buchstäblich Hunderte Milliarden Kubikmeter Wasser unter unseren Füßen. Wir brauchen sie nur zu nutzen." Zwei Geologen des Instituts haben in einem zweijährigen Versuch Brackwasser zur Bewässerung von Trockenzonen in der Negev-Wüste verwendet. Sie pflanzten dabei auf einem Hektar Land Baumwolle an, die mit Frischwasser bewässert wurde. Eine gleich große Pflanzung wurde mit Brackwasser versorgt, das etwa 1000 Milligram Salz per Liter enthielt. Das mit Frischwasser bewässerte Baumwollfeld erbrachte eine Ernte von 1,63 Tonnen pro Acre (etwa 0,4 Hektar), das mit Brackwasser bewässerte fast zwei Tonnen. Das erste Großexperiment soll in einem neuen Kibbuz in der Wüste anlaufen.

Kein Privateigentum im Kibbuz

Zum Mittagessen sind wir im wohlhabenden Kibbuz Kfar Blum im oberen Galiläa angemeldet. Ein paradiesischer Garten mit Orangenhainen, Baumwollfeldern und den „besten Milchkühen der Welt", wie uns einer der Kibbuzniks dort informiert. Der aus der Tschechoslowakei eingewanderte Jude gehört zu den Gründern dieser Kollektivsiedlung: „Wir haben im November 1943 mit 30 Leuten hier angefangen. Alles war versumpft. Auf einem kleinen Hügel haben wir in einer primitiven Hütte gewohnt. Ich war damals 14 Jahre alt. Wir waren eine bunt zusammengewürfelte Gesellschaft: Juden aus Littauen, Estland, England, Amerika und Kanada. Und jetzt wohnen bei uns 700 Menschen aus 30 verschiedenen Nationen. Bis zum Sechstagekrieg kam das Feuer aus arabischen Geschützen aus zwei Richtungen, von der syrischen und libanesischen Grenze."

Die Mitglieder wohnen in schmucken Häusern. Alles gehört allen. „Damals (1943) hatten wir kein Geld", betont der clevere Propagandandist von Kfar Blum. „Wir haben bis heute kein Privateigentum. Wir geben dem Kibbuz unsere Arbeit und unser Talent, und wir bekommen dafür, was wir brauchen." Der Kibbuznik ist ein überzeugter Sozialist wie fast alle Mitglieder der Kibbuzim. Überall herrschen die gleichen Gesetze. Die Mitglieder eines Kibbuz wählen den ersten Sekretär (Maskir), um den sich ebenfalls von der Generalversammlung vorgeschlagenen Funktionäre scharen: Schatzmeister, Betriebskoordinator, Leiter der Arbeitskommission u. a.

Wenn es unter den Funktionären Meinungsverschiedenheiten gibt, werden sie der Generalversammlung unterbreitet, die in den meisten Kibbuzim an jedem Samstagabend zusammentritt. Die demokratische Entscheidung ist bindend für alle, und das Kollektiv bestimmt auch den Arbeitsplatz des einzelnen.

Blicke sind schlimmer als jede Polizei

Hinter den Kulissen dieses scheinbar reibungslos funktionierenden Gesellschaftsapparates werden auch die Schwächen dieses „kommunistischen Systems auf freiwilliger Basis" sichtbar. „Wir nehmen unsere Mahlzeiten im gemeinsamen Speisesaal ein, unsere Kinder erhalten ihre Kollektiverziehung im gemeinsamen Kinderhaus. Unsere Feste feiern wir zusammen. Ein Mensch, der sich durch sein soziales Verhalten von der Gemeinschaft isoliert, muß seelisch darunter leiden. Die öffentliche Meinung hat größeres Gewicht als jede Polizeigewalt." Diese Worte — man muß zwischen den Zeilen lesen — finde ich in der israelischen Broschüre „das rätsel des kibbuz", aus der auch folgende Fragen und Antworten entnommen sind:

Frage: Was geschieht, wenn ein Kibbuznik von einem in der Stadt lebenden Angehörigen eine Erbschaft oder ein Geldgeschenk erhält? Ist er verpflichtet, das Geld dem Kollektiv zu überlassen?

Antwort: Als Kibbuznik weißt du, daß du das Geld an das Kollektiv abliefern mußt . . . Wer dem Kibbuz das Geld verheimlicht, kann faktisch damit anfangen, was er will. Hast du dir aus eigenen Mitteln Möbel angeschafft? Mit prüfendem Blick mustern die andern Kibbuzniks deine Wohnung. Sie sagen nichts, aber diese Blicke sind schlimmer als jede Polizei . . .

Frage: Was geschieht, wenn ein Mitglied nach vielen Jahren den Kibbuz verläßt?

Antwort: Man kann nicht sagen, daß er das Kollektiv als „reicher Mann" verläßt, denn wir können ihm nicht ein Stück des Hühnerstalls, des Kuhstalls oder der Fabrik mitgeben. Gewöhnlich erhält er einen Betrag, der dem Monatsgehalt eines Fachkollegen in der Stadt entspricht . . ."

Ich frage meinen jüdischen Gesprächspartner in Kfar Blum, ob seine Kinder später einmal studieren könnten. „Meine Tochter studiert Archäologie und Geographie", sagt er. „Der Kibbuz bezahlt ihren Studienaufenthalt in Jerusalem, weil sie später als Lehrerin nach Kfar Blum zurückkehrt. Will sie woanders bleiben, muß sie alles zurückzahlen."

Kibbuzim haben Nachwuchssorgen

Der mitreißende Elan der ersten Pioniergeneration ist erlahmt, und das sozialistische System hat keinen neuen Menschen geschaffen. Heute sind nur wenige junge Leute bereit, nach ihrer dreijährigen Militärzeit auf ein Studium zu verzichten und sich einem Kibbuz anzuschließen. Von den 60 000 Neueinwanderern, die 1972 ins Land kamen, gingen nur 1500 Juden in die verschiedenen Kibbuzim. Aus der Sowjetunion, die 1972 über die Hälfte der Einwanderer (30 000) stellte, gingen nur zehn Familien in Kibbuzim. Die russischen Juden sehen im Kibbuz eine Nachahmung der ihnen verhaßten Kolchosen.

Um ihren Nachwuchsbedarf zu decken, müssen die israelischen „Sozialisten" ihre Kibbuz-Gesetze lockern. Der Kibbuz Nachscholim zwischen Jerusalem und Tel Aviv nahm kürzlich fünf Familien auf. Ein Familienoberhaupt ist Lastwagenbesitzer, der seinen Lastwagen mit in den Kibbuz brachte. Auch ein Garagenbesitzer befindet sich darunter. Er kam in den Kibbuz unter der Bedingung, vier Reitpferde mitbringen zu dürfen.

Nach wie vor genießt die Kibbuz-Bewegung hohes Ansehen bei der Bevölkerung, wenngleich nur 4 Prozent der Bevölkerung Mitglieder von Kibbuzim sind. Aber es gibt wohl kaum einen Israeli, der nicht ein oder zwei Jahre vorübergehend in einem Kibbuz gearbeitet hat. Infolge ihrer politischen Aktivität — die meisten Kibbuzim sind eng verankert mit den Arbeiterparteien — kommen die einflußreichsten Politiker und Wirtschaftsmanager aus einem Kibbuz.

Laß Blumen sprechen im Kibbuz Shefayim

Im Kibbuz Shefayim zwischen Haifa und Tel Aviv halten wir uns fast zwei Tage auf. Eine wohltuende Erfrischungspause. Wir schlafen in bungalowartigen Gästehäusern und baden in einem modernen Swimmingpool, wo auch die Olympiakandidaten für München trainiert haben. Wie ein neugieriger Gutsbesitzer streife ich an einem schwülen Nachmittag durch das bepflanzte und bebaute Gelände. In einer Schmiede schwärmt Ephraim von Shefayim. Früher habe er in Ägypten gewohnt. An seinem Arbeitsplatz fühlt er sich wohl. Wer weiß, wann das Kollektiv ihn versetzt.

Vor einer neuerbauten Berufsschule beschneidet ein bärtiger Jude purpurrote Rosen. Der Orientale bleibt stumm: Ein herrlicher Duft, tröste ich mich.

Auf der asphaltierten „Hauptstraße" kommt mir ein braungebrannter Jüngling mit wallendem Haar entgegen. Ich nehme ihn ins Visier, und er lächelt verschämt in die Kamera — ohne Gage. Immerhin bekommt er denselben Monatslohn wie der „Maskir" (oberster Chef im Kibbuz), nämlich 350 Mark.

Kollektive Kindererziehung

Und dann treffe ich eine liebenswürdige Oma, die in einer zweirädrigen Karre ihr blondgelocktes Enkelkind vor sich herschiebt.

Um vier Uhr ist in jedem Kibbuz Feierabend, und die Mütter und Väter holen ihre Kleinen für vier Stunden zu sich nach Hause. Ausgerüstet mit einem Reportergerät, nehme ich das aufschlußreiche Gespräch mit der jüdischen Oma auf.

Frage: Vermissen die Kinder nicht die Geborgenheit des Elternhauses, wenn sie nur vier Stunden am Tage mit Vater und Mutter zusammensein dürfen?

Antwort: Welche Eltern in Deutschland haben täglich vier Stunden Zeit für ihre Kinder? Meine vier Kinder sind in diesem Kibbuz geboren, und sie haben inzwischen selber Kinder. Sie verhalten sich nicht anders als andere Menschen auch. Ich gebe zu, daß die aus Europa eingewanderten Juden sich zunächst sträubten, ihre Kinder abzugeben. Nun haben sie sich daran gewöhnt.

Frage: Ich kenne Kibbuzim in Israel, z. B. Kfar Blum u. a., die sich umgestellt haben. Die im Kinderhaus aufgewachsenen Eltern wollen ihre eigenen Kinder bei sich behalten, Tag und Nacht.

Antwort: Natürlich gibt es Kibbuzim, die sich umgestellt haben. Das gibt große Schwierigkeiten, weil die Kibbuzwohnungen nur aus zwei Räumen bestehen, einem Schlaf- und einem Wohnzimmer. Es kostet viel Geld, und die Mütter sind tagsüber angebunden und abends auch. Und wer soll die Arbeit auf dem Feld tun?

Frage: Möchte die Frau lieber in der Landwirtschaft arbeiten oder Kinder erziehen und kochen?

Antwort: Unser System sieht eine gemeinsame Küche vor, und die Frau muß arbeiten. Wir sind auf ihre Arbeitskraft angewiesen. Ich komme aus dem Baltikum. Zwei Baracken standen hier, weit und breit nur Sand, Sand und Sand. Das war im Jahre 1936. Damals war ich 20 Jahre alt. Wer nicht arbeitet, kommt nicht weiter.

Frage: Gibt es Generationskonflikte im Ihrem Kibbuz?

Antwort: Mir fällt auf, daß die jungen Leute, verbunden durch Kinderhaus, Schule und Militärzeit, später auch zusammen in selben Vierteln wohnen wollen. Sie kennen sich gegenseitig, ihre Schwächen und Stärken.

Natürlich gibt es auch Konflikte zwischen Eltern und Kindern. Aber wir tragen sie nicht auf der Straße aus. Wir setzen uns in der Generalversammlung an einen Tisch und treffen gemeinsam unsere Entscheidungen. Das verpflichtet die ganze Gemeinschaft.

Religion ist Privatsache

Frage: Was halten Sie von der jüdischen Religion?

Antwort: Religion ist Privatsache. Die meisten Kibbuzim sind nicht religiös. Wir sind Juden, nicht religiös, aber national geprägt.

Frage: Aber sie feiern noch die religiösen Feste ...

Antwort: Wir haben daraus Volksfeste gemacht. Aus der Passah-Feier ist für uns ein Frühlingsfest geworden.

Frage: Gibt es auch eine Synagoge im Kibbuz?

Antwort: Ja, aber es gibt nur wenige Leute, die ein bißchen fromm sind. Bitte schön, wenn sie wollen ...

Wenn wir heiraten, kommt der Rabbi. Das müssen wir tun, weil es staatlich verordnet ist.

Frage: Was halten Sie von den zehn Geboten?

Antwort: Ich habe eine kleine Enkelin, sie ist neun Jahre alt. Als wir vor kurzem mit einem Amerikaner zusammen waren, sagte sie:

„Wir sind nicht fromm."

„Was seid Ihr denn?"

„Wir sind gute Juden!"

„Was heißt das?"

„Wir sind ehrliche Leute und stehlen nicht. Wir möchten Schalom (Frieden). Das ist alles."

Eine schöne Religion. Was braucht man noch mehr?

Dann hat der Amerikaner sie angeschaut und gesagt: „Du hast recht, mein Kind."

Was die 10 Gebote angeht, da sind wir ganz dabei. (Und während die Oma „Schalom" sagt, findet über uns ein kleines Luftgefecht zwischen israelischen und syrischen Düsenjägern statt, wie ich noch am selben Abend in den Nachrichten bestätigt finde.)

Wir sind keine Atheisten

Frage: Das erste Gebot heißt: „Ich bin der Herr dein Gott ..."

Antwort: (sie lacht unbefangen). Richtig, wir lieben ihn ja, Nun, wir sind eine Gesellschaft, die auf Gerechtigkeit und gegenseitiges Vertrauen aufgebaut ist. Es gibt bei uns keine Polizei. Wir wollen nur Gutes tun für die Menschheit. Wir leben mit Gott auf gutem Fuß. Wir sind keine Atheisten, aber wir sind auch nicht religiös. Schauen Sie, wir sind zu Hause ein bißchen religiös erzogen. Jeder hat davon etwas mitbekommen.

Aber es gibt religiöse Speisegesetze, die nicht mehr in unsere Zeit passen. Aber ein religiöser Jude muß sie einhalten.

Frage: Kennen Sie auch das Neue Testament?

Antwort: Ich habe manchmal darin gelesen. Jesus ist mir sympathisch. Seine Gesetze sind menschenwürdiger.

Aber die jüdische Religion kommt besonders bei der Jugend nicht mehr an.

6. Weltweite Gespräche im Kibbuz Shefayim

Sie kommen aus San Franzisko, Hiroshima, Los Angeles, Warschau und Sidney. Ebenso unterschiedlich sind die Schicksale meiner Gesprächspartner.

Hinter einem Barackenfenster entdecke ich eine resolute Lehrerin, mit einem Zeigestock hin und her fuchtelnd; sie schreibt hebräische Wörter an die Tafel, und etwa fünfzehn junge Leute sitzen aufmerksam vor ihr. Derweil lasse ich mich von der orientalischen Sonne bescheinen und warte auf Schulschluß.

Endlich kommen sie raus, zuerst russische und polnische Juden, seit drei Monaten in Israel.

Der babylonischen Sprachverwirrung machen zwei amerikanische und ein japanischer Schüler ein Ende, die mich auf englisch ansprechen.

Wegen ihres straff organisierten Arbeitsprogramms können wir uns leider erst abends unterhalten. Ich sage o. k. und verschwinde im Klassenraum.

Wo die Lebendigen die Toten beneiden

Zögernd erwidert die jüdische Lehrerin meinen Gruß und redet mich sofort auf „jiddisch" an. Als ich sie nach der Entstehung des Kibbuz frage, taut sie merklich auf. „Hier war nichts, kein Haus, kein Baum, keine beackerten Felder", erzählt die 59jährige Sprachlehrerin. „Im Jahre 1938 haben wir dieses Land von Arabern gekauft." Heute ist Shefayim ein blühender Garten mit üppigen Baumwoll- und Erdnußfeldern, geräumigen Kuhställen, modernen Schulgebäuden neben baufälligen Baracken aus der Pionierzeit und jenem herrlichen Swimmingpool.

Gleich verfinstert sich ihr faltiges Gesicht: „Wäre ich nicht schon 1938 von Polen nach Israel eingewandert, hätten mich die Deutschen wohl auch umgebracht. Erst besetzten die deutschen Soldaten meinen polnischen Heimatort. Dann trieben sie meinen Vater — er war Lehrer —, den Rabbi und zwölf andere ehrenwerte Männer zusammen und erschossen sie vor der Stadt." Nach einer halben Gedenkminute fährt sie fort: „Meine Mutter, meine Schwestern und ein Bruder sind in Treblinka ermordet worden." Früher habe ihr Vater oft gesagt, es kämen Zeiten, wo die Lebendigen die Toten beneiden würden.

35

Golda Jablonsky, so heißt die leidgeprüfte Frau, berichtet von ihrem einzigen noch lebenden Bruder in Haifa, der zusammen mit seiner Frau, einer ehemaligen Berlinerin, 1967 auf seiner Europa-Reise London, Paris und Oslo besucht hätte, aber nicht Berlin. „Ich könnte auch noch nicht deutschen Boden betreten", sagt sie freimütig. „Nein, wir können es nicht vergessen. Hoffentlich heilt die Zeit unsere Wunden." Stillschweigend hat sich eine junge Jüdin in die letzte Bankreihe gesetzt. Als die Namen „Treblinka", „KZ" und „Deutsche" fallen, wird sie hellhörig, obwohl sie nicht deutsch spricht. Wie oft mag sie von ihren älteren Angehörigen diese Worte gehört haben.

Von beiden Jüdinnen verabschiede ich mich mit „Schalom".

„Schalom" — „Schalom", erwidern sie.

„Die Neger sind unser Unglück"

Auf einem sattgrünen Rasen vor dem Gästehaus aalen sich wohlgenährte Urlauber, ein jüdisches Ehepaar aus Washington. Gelangweilt blättert die mollige Lady in ihrer Lektüre „The Jewish Wife" (die jüdische Frau). Der sympathische Herr neben ihr winkt mir einladend zu. Das kommt wie gerufen, denke ich.

„Hier kann man sich besser erholen als in Florida", informiert mich der reiche Amerikaner — vermutlich verfügt er über fündige Aktienpakete.

„Wann werden Sie in Ihre Heimat zurückkehren?" frage ich.

„Mal sehen", schaltet sich die selbstzufriedene Lady ein. „Vielleicht in drei Wochen, vielleicht aber auch erst in drei Monaten. Sollte es wieder Krieg geben, kann uns nichts passieren. Das Flugticket für den Rückflug ist schon gebucht."

Ich erkundige mich nach ihrem Lösungsvorschlag für den israelisch-arabischen Konflikt, den ich, um sie herauszufordern, mit dem Rassenproblem in Amerika vergleiche. Wie eine Löwin geht „Miss Amerika" zum Angriff über: „Die Neger sind unser Unglück", platzt es aus ihr heraus, wie die Nazis früher hetzten: „Die Juden sind unser Unglück." Ihr Cousin sei kürzlich auf offener Straße von Negern in Washington ermordet worden. Ich verstehe sie nun besser. Vom Friedensprogramm eines Martin Luther Kings will sie nichts wissen.

„Mr. Amerika" wackelt auf seinem Gartenstuhl hin und her; aber er schweigt lieber. Hauptsache, die Aktien steigen. Wie Juden und Araber im Nahen Osten zurechtkommen, ist offensichtlich nicht ihre Sorge. Ich sage „Good bye".

In den Tag hineinleben

Weiter geht's vorbei an unterirdischen Bunkern, die hoffentlich nie wieder benutzt werden. Vor einer schmuddeligen Blockhütte gammeln zwei langhaarige Burschen. Ich setze mich zu ihnen, sie haben nichts dagegen. John heißt der schwarzgelockte Junge aus Michigin (USA).

„Ich bin schon anderthalb Jahre hier", sagt der 18jährige Jude, gerüstet für den israelischen Militärdienst in zwei Tagen und voller Heimweh nach seinen Eltern. „Sie werden bald einwandern, und mein Vater wird dann für die Kibbuz-Zeitung schreiben." John liebt das Kibbuz-Leben und ist stolz auf einen Plattenspieler, der ihm persönlich gehört; mehr braucht er nicht. „In Amerika lebt man nur, um Geld zu verdienen, hier gehört alles allen", begeistert er sich.

Sein Kumpane, ein australischer Jude, wohnt seit einem Jahr im Kibbuz. „Ich war Kunststudent in Sidney, jetzt muß ich von morgens bis abends Erdnüsse sammeln", sagt er resignierend. „Wirtschaftlich ist man versorgt, aber es befriedigt nicht."

Wie bestellt hockt sich Simon zu uns, ein „Sabre", ein in Israel geborener Jude. Unser Gesprächsthema macht ihn aggressiv:

„Bald haue ich ab", sagt er, 20 Jahre alt, im gebrochenen Englisch. „Kein Eigentum, kein Auto, keine Freiheit. Es ist schrecklich im Kibbuz."

„Was füllt Euer Leben aus", möchte ich wissen. Simon antwortet unverblümt:

„Nichts. Ich glaube höchstens an den Mut unserer Soldaten."

Zurückhaltender reagiert Harry, der Australier:

„Was einer glaubt, hängt von seiner Veranlagung ab. Aber jeder muß einen Glauben haben, der ihn ausfüllt. Man kann an Israel glauben oder an bestimmte moralische Grundsätze. Ich will mich persönlich nicht festlegen."

Und der amerikanische Jude meint: „Für den einen ist Whisky Gott und für den andern die Musik."

Am liebsten leben sie in den Tag hinein. Aber man muß sie irgendwie gern haben. Von einem Platz an der Sonne des Evangeliums wollen sie nichts wissen. Im gleichen Atemzug sprechen sie voller Hochachtung von drei „Jesus-Leuten", die ich unbedingt kennenlernen müßte.

Er sieht aus wie Mark Spitz

Noch am selben Abend treffe ich meine „Schulfreunde" aus der Baracke, die beiden Amerikaner und den Japaner.

„Kennt Ihr die Jesus-Leute im Kibbuz", frage ich sie. Sie schmunzeln.

In meinem Gästezimmer tauschen wir unsere gemeinsamen Glaubens-erfahrungen aus.

Michael Chikahiro kommt aus Hiroshima. Der 18jährige japanische Christ möchte das biblische Land kennenlernen und zugleich die hebräi-sche Sprache des Alten Testamentes lernen.

Sein Glaubensbruder Marc Hoffmann gleicht äußerlich dem 7fachen Goldmedaillengewinner Mark Spitz, der wie Marc amerikanischer Jude ist.

„Muß ein Jude viele Hürden überwinden, bevor er Christ wird?" frage ich Marc.

Er antwortet: „Wenn Jesus einen Menschen zu sich ziehen möchte, ist ihm nichts unmöglich." Sein „neues" Leben empfindet er als Geschenk — um so mehr, als der Versuch mißlang, seine Depressionen mit LSD-Trips und Transzendentaler Meditation loszuwerden. Die Freude an Jesus springt förmlich aus seinen klaren braunen Augen: „Im November 1971 geriet ich in eine christliche Gruppe, es war in Los Angeles, hier fing ich an, zu Jesus zu beten. Ich kam mir vor wie der verlorene Sohn, der schuld-beladen zu seinem Vater zurückkehrt." Marc zitiert den religiösen Song: „Oh happy day — Oh, glücklicher Tag, als Jesus mir meine Schuld vergab."

Ein Weltenbummler kommt ans Ziel

Der dritte im christlichen Bund ist Frank Beaver, 31 Jahre alt; ich hätte ihn auf 25 geschätzt. In der turbulenten Lebensgeschichte dieses sen-siblen Amerikaners taucht immer wieder das griechische Wort „agape" auf, das im Grundtext des Evangeliums für die unverdiente göttliche Liebe steht. Frank kommt aus San Franzisko.

Vergeblich hat der amerikanische Weltenbummler in Europa, Asien und Afrika jahrelang nach echter Menschenliebe gesucht. „Ich war offen für alle religiösen und sozialen Experimente", berichtet er bescheiden. „In Indien und Nepal lebte ich mit Moslems und Hindus zusammen, aber es veränderte mich nicht. Den stärksten Impuls bekam ich in einer indi-schen Lepra-Kolonie, die von der christlichen Missionarin Agnes Kunz geleitet wird; hier wurde selbstlose Liebe ausgelebt. Ich flog nach San Franzisko zurück. Weil ich diese Liebe praktizieren wollte, mußte ich sie erst erleben. In den nächsten drei Monaten habe ich jeden Tag 40 Minu-ten lang in einer Kirche gebetet. Am 5. September 1969 traf ich zufällig zwei ehemalige Süchtige; sie waren in New York Christen geworden. In meiner Wohnung haben wir zusammen gebetet. Und dann geschah das unbegreifliche Wunder." Er stockt und sucht nach treffenden Worten: „Ich erlebte Jesus, meinen Retter, meine Freude war kaum zu fassen: Jesus liebt mich. Ich wollte danken, aber aus meinem Mund kamen Worte, die ich nie zuvor gehört oder ausgesprochen habe." Er meinte die Sprachenrede, siehe 1. Kor. 13.

Vor Gott sind alle Menschen gleich

Behutsam frage ich Frank, wie das alltägliche Leben der jungen Christen auf die Kibbuzniks wirkt. Frank sagt: „Hier wird jeder nach seiner Arbeitsleistung beurteilt. Wer gut arbeitet, bekommt guten Kontakt. Und wir arbeiten gern." Zunehmend mache sich eine innere Leere vor allem unter der israelischen Jugend bemerkbar, und viele würden ihre Vorurteile gegenüber dem christlichen Glauben abbauen.

Der Judenchrist Marc ergänzt: „Es ist für einen Juden unvorstellbar, zugleich Jude und Christ zu sein. Wir können unsere jüdischen Freunde nur durch unser verändertes Leben überzeugen."

Marc, Michael und Frank leben im Kibbuz Shefayim nach dem Grundsatz: „Antworte nur, wenn du gefragt wirst. Aber lebe so, daß du gefragt wirst". Und sie werden oft gefragt. Gott sei Dank!

Und wie hat es Martin Luther King formuliert? „Das Kreuz ist das ewige Zeichen dafür, wie weit Gott gehen will, um eine zerbrochene Gemeinschaft wiederherzustellen."

7. Fremder, geh nicht nach Nazareth

„Fremder, geh nicht nach Nazareth, wenn du Christ bist. Behalte dein Nazareth so im Gedächtnis, wie du es aus dem Neuen Testament kennst", lese ich in einem Reiseführer über Israel.

Isaak stoppt seinen Bus ungefähr einen Kilometer vor Nazareth. „Fotografieren Sie von hier", fordert uns Zwi auf. „Ein herrliches Panorama."

Nazareth liegt am südlichen Abhang der Berge Untergaliläas auf halbem Wege zwischen dem Mittelmeer und dem See Genezareth. „Blume von Galiläa" nannte der heilige Hieronymus diese Stadt, mit Kirchen und Klöstern reichlich versorgt. Im Mittelpunkt steht die mächtige Verkündigungsbasilika, von Franziskanermönchen im Jahre 1969 nach vierzehnjähriger Bauzeit feierlich eingeweiht. Eine Stunde später schreiten unsere „Leviten" würdigen Schrittes durch die „heiligen Hallen" der größten christlichen Kirche des mittleren Ostens. Zum wievielten Male mag wohl der arabische Christ seine frommen Sprüche herunterleiern. In gebrochenem Deutsch, undeutlich vor sich hin murmelnd, sagt er: „Hier in dieser Grotte (Verkündigungsbasilika) hat der Engel Gabriel zu Maria gesagt:

„Freue dich, Maria, der Herr hat dich sehr ausgezeichnet ... Du wirst ein Kind erwarten und einen Sohn zur Welt bringen, und du sollst ihn Jesus nennen ... Seine Herrschaft wird nie zu Ende gehen ..." (Lukas 1, 26 ff).

Marienkult in Nazareth

Diese Auszeichnung ist Maria gewiß nicht zu Kopf gestiegen, aber mich macht der übersteigerte Marienkult aggressiv. Überall an den Wänden Madonnenbilder, schwarze, weiße und braune, in allen Hautfarben und Rassen.

Ich beschwere mich bei dem „Kirchenmann". Verwundert schaut er mich an:

„Hier wird Maria verehrt, nicht Jesus. Jesus war noch nicht geboren." Auf meine Erwiderung, Jesus sei der einzige Mittler zwischen Gott und den Menschen, antwortet der Nazarener:

„Aber die Katholiken kommen nur durch Maria zu Gott." Ich mag gar nicht daran denken, daß dieser Mann nun schon seit 25 Jahren Tag für Tag viele Besucher verwirrt durch seine unbiblischen Äußerungen.

Meiner letzten Frage, ob er zu Jesus oder Maria bete, weicht er geschickt aus: „Ich bete zu Gott!"

Irgendwo zwischen den prunkvollen Altären entdecke ich auf einem Ölgemälde Papst Paul VI. Arm in Arm mit dem inzwischen verstorbenen Patriarchen Athenagoras von Konstantinopel. Die beiden Kirchenfürsten trafen sich zum erstenmal 1964 in Jerusalem zu einem versöhnenden Gespräch und ließen später ihren Briefwechsel als „Band der Liebe" herausgeben.

„Zimmermann — ein ehrenwerter Beruf"

Ob die Begegnung zwischen Paul VI. und der ehemaligen israelischen Regierungschefin Golda Meir in Rom ebenso herzlich verlaufen ist? Golda Meir berichtete selbst darüber: „Der Papst sagte mir zum Auftakt, er könne es schwer verstehen, wie sich das jüdische Volk, das barmherzig sein sollte, in seinem eigenen Land so grimmig verhält." Golda Meir erwiderte: „Eure Heiligkeit, wissen Sie, was meine ersten Erinnerungen sind? Eine Judenverfolgung in Kiew. Als wir barmherzig waren und keine Heimat hatten, waren wir schwach. Wir wurden in die Gaskammern geführt."

Unmittelbar vor ihrer Audienz beim Papst sagte Frau Meir zu ihren Mitarbeitern: „Könnt Ihr Euch vorstellen? Ich, die Tochter von Moshe Meibovitz, dem Zimmermann, werde den Papst der Katholiken treffen? Doch einer meiner Leute sagte zu mir: Einen Augenblick, Golda, Zimmermann ist hier ein ehrenwerter Beruf."

Gleich gegenüber der katholischen Verkündigungskirche — es gibt noch eine griechisch-orthodoxe Verkündigungskirche (Wer weiß, an welcher Stelle der Engel Gabriel gestanden hat) — befindet sich die „Kirche des heiligen Josefs", des Zimmermanns. Willig folgen die „Leviten" dem arabischen Nazarener in eine kunstvoll ausgestattete Felsenhöhle: „Hier hat die heilige Familie gewohnt." Gleich daneben „bestaunen" wir eine Altarnische mit brennenden Kerzen, die ehemalige Zimmermanns-Werkstatt des Josef, wie uns erzählt wird.

Christen, Juden und Mohammedaner

Durch die „heilige Familie" — Maria, Josef und Jesus — ist Nazareth überhaupt erst bekannt geworden; es taucht im Neuen Testament zum erstenmal auf. Heute ist Nazareth die größte arabische Gemeinde im Staat Israel. Während die 34 000 arabischen Christen und Mohammedaner vorwiegend in der Altstadt wohnen, leben die 15 000 jüdischen Einwanderer in „Nazareth Elit" einem vornehmen Viertel außerhalb der Stadt.

„Wie kommen Sie mit den Juden aus?" frage ich einen Araber vor der Verkündigungsbasilika.

„Wissen Sie," sagt der Mann, „das ist so. Wir Araber sprechen jüdisch, und viele Juden sprechen arabisch. Und wir machen gute Geschäfte. Alles gut!" Und wie man hört, leben Christen und Mohammedaner in Nazareth auch friedlich nebeneinander, nicht miteinander: Christen bleiben unter sich — und die Mohammedaner auch.

Früher hieß es: Was kann aus Nazareth Gutes kommen?

Juden, Christen und Mohammedaner haben ihre Spuren in Nazareth hinterlassen.

Juden siedelten sich erstmals in den Jahren 66—67 nach Chr. in Nazareth an, als sie vor den Römern aus Judäa nach Galiläa flohen. Von hier wurden sie vom römischen Feldherrn Vespasian vertrieben, der die Stadt zerstörte. Etwa 60 Jahre später mißlang der letzte jüdische Aufstand gegen die Römer unter dem Freischärler Bar Kochba (132—135), und wieder flohen viele Juden in die verlassene Stadt. Später machte der christliche Kaiser Konstantin aus Nazareth ein christliches Zentrum (326), und die Kreuzritter errichteten im 12. Jahrhundert eine Basilika. Nazareth wurde Bischofssitz.

Der siegreiche Sultan Saladin vertrieb die Kreuzritter 1187 nach der Schlacht bei Hittim, aber Friedrich II. baute es 1229 wieder auf. Seit der Türkenherrschaft (1517) gab es keine Christen mehr in Nazareth, bis 1620 Franziskanermönche wieder in die Stadt kamen.

In den Basargassen

Heute besuchen Christen aus allen Erdteilen Nazareth. Und die geschäftsfreudigen Nazarener locken den frommen Pilgern viel Geld aus der Tasche. Die Basarhändler gestikulieren und schreien wild durcheinander. Wer möchte kein Andenken aus Nazareth mitnehmen?

Ein ärmlich gekleideter islamischer Greis setzt eine bejammernswerte Miene auf und streckt mir seine dürren Hände entgegen. Ich soll ihm seine abgegriffene Gebetskette abkaufen. Zehn israelische Pfund kostet der religiöse Artikel. Allah wird es mir vergelten.

Araber sind talentierte Schauspieler und doch nicht unsympathisch.

In der Mitte der gepflasterten Gasse verläuft eine 50 cm breite Rinne, eine übelriechende ausgetrocknete Gosse. Das Unglück will es, daß

Schwester Hanna, mitreisende „Levitin", ausrutscht und in die Gosse fällt. Der Schock ist größer als der Schmerz.

„. . . da wurden sie wütend . . ."

Wie gehorsame Schafe folgen wir „Leviten" unserm Reiseführer Zwi (hebräisch: Hirt), sonst würden wir uns in dem Gewirr von schmalen, winkligen Gassen, zahllosen Treppen, Kirchen und Caféhäusern gar nicht zurechtfinden. Abseits der menschenüberfluteten Basarstraße „Schuk" zeigt Zwi uns jene alte Synagoge, in der Jesus vor 2000 Jahren die sogenannten frommen Gemüter erregt haben soll.

Ein uraltes, schlichtes Gotteshaus, wohltuend still. Ein „Levit" steht im Altarraum und macht sich zum Sprachrohr der neutestamentlichen Botschaft:

„Jesus kam nach Nazareth, wo er aufgewachsen war. Am Sabbat ging er wie immer in die Synagoge. Er stand auf, um aus den heiligen Schriften zu lesen: Der Geist des Herrn hat von mir Besitz ergriffen; denn der Herr hat mich erwählt; den Armen die gute Nachricht zu bringen. Er hat mich gesandt, den Gefangenen zu verkündigen, daß sie frei sein sollen und den Blinden, daß sie sehen werden . . . Heute ist diese Voraussage, die Ihr soeben gehört habt, eingetroffen . . . Aber ich versichere Euch, ein Prophet gilt in seiner Heimatstadt nichts . . . Als die Menschen in der Synagoge dies hörten, wurden sie wütend." (Lukas 4, 16 ff.)

Einstein: „Strahlendes Bild des Nazareners"

Wir nehmen Abschied von der welkenden „Blume Galiläas". Am Ortsausgang atmet Busfahrer Isaak hörbar auf. Schweißperlen rinnen von seiner krausen Stirn. Das Verkehrschaos in Nazareth hat ihm sichtlich zu schaffen gemacht; aber sein Bus blieb ohne Schrammen. Ein stolzer Erfolg.

Zwi, stets bemüht um biblische Informationsvermittlung, meldet sich zu Wort: „Links sehen Sie einen steilen Abhang. Vermutlich wollten die zornigen Nazarener Jesus von dieser Stelle hinunterstürzen. Bis heute wird der Haß gegen Jesus von Nazareth geschürt — von Menschen, welche die Wahrheit über sich selbst und die Wahrheit über Jesus nicht ertragen können: Wir wollen nicht, daß dieser Jesus über uns herrsche!"

Kurz danach fahren wir am Berg Tabor vorbei. Jesus stieg mit seinen Jüngern Petrus, Johannes und Jakobus auf diesen Berg, um zu beten.

Überwältigt von der unvergleichlichen Strahlkraft Jesu, baten die Jünger ihren Herrn: Laß uns hierbleiben.

Der auferstandene Herr hat bis heute von seiner Strahlkraft nichts eingebüßt. Je dunkler diese Welt wird, um so deutlicher rückt der wiederkommende Herr ins Scheinwerferlicht Gottes.

Der geniale Naturwissenschaftler Albert Einstein bekannte:

„Ich bin Jude, aber das strahlende Bild des Nazareners hat einen überwältigenden Eindruck auf mich gemacht. Es hat sich keiner so göttlich ausgedrückt wie er. Es gibt wirklich nur eine Stelle in der Welt, wo wir kein Dunkel sehen. Das ist die Person Jesu Christi. In ihm hat sich Gott am deutlichsten vor uns hingestellt."

Fremder, geh nicht nach Nazareth . . ., aber geh zu Jesus von Nazareth. Komm und sieh!

8. „Scheich" Abraham und die Beduinen in Beerscheba

Am grellen Wüstenhorizont taucht ein Mirage-Jäger der israelischen Luftwaffe auf; der blitzschnelle Silbervogel nimmt Kurs auf Beerscheba, einer israelischen Pionierstadt und Beduinen-Mittelpunkt in der Negev-Wüste zwischen dem Mittelmeer und dem Toten Meer.

„Da sitzt bestimmt ein Scheich drin", phantasiert mein Nebenmann im Bus, der ebenfalls Beerscheba ansteuert.

Soeben hat Zwi über die uralten Lebensgewohnheiten der 38 000 in Israel beheimateten halbnomadischen Beduinen berichtet.

Je mehr wir uns der Beduinen-Hochburg nähern, um so häufiger reiten schwarzgekleidete und verschleierte Beduinenfrauen auf ihren stolzen Kamelen achtlos an uns vorbei.

Wenn sich Beduinen streiten

„Hier hat der Kadi seinen Sitz", informiert uns Zwi. Dabei zeigt er auf ein schmuddeliges Haus direkt an der Wüstenstraße. In diesem arabischen „Justizpalast" werden die Streitfälle der Beduinenstämme verhandelt. Nur selten mischen sich die Regierungen in Jerusalem oder Amman, wo auch viele Beduinen wohnen, in die Gerichtsbarkeit der arabischen Halbnomaden ein, und die Beduinenstämme in Jordanien sind deshalb königstreu, weil sich König Hussein über die wichtigsten politischen Fragen mit den Beduinenscheichs einigt.

Als unabhängige stolze Viehzüchter und Krieger ziehen die Beduinen seit mehr als 3000 Jahren durch die Wüste. Der Karawanenhandel über so weite Strecken konnte sich erst entwickeln, als der Mensch das Kamel in seine Gewalt bekam, indem sich der Reiter auf den Höcker des Kamels setzte; ein gepolstertes Gestell mit zwei Holzknaufen wird ihm aufgelegt, und der Sattel wird mit Bändern unter dem Bauch befestigt.

Die Geschichte der Beduinen zeigt, daß große Stämme immer Oasen besessen haben. Vorübergehend setzen sich ganze Stämme für Jahrhunderte fest und gründen Königreiche wie die Nabatäer.

Scheich Abraham — Ausländer auf Befehl

Immer zahlreicher werden die schwarzen Ziegenhaar-Zelte der Beduinen, die irgendwo in der Wüste stehen. Jede Familie bewohnt ein Zelt. Daneben befinden sich die Zelte der Sippe. Jeder ist mit jedem verwandt. Vielleicht wären sie in der menschenfeindlichen Wüste verloren, wenn sie nicht so zusammenhielten. Das Oberhaupt einer Sippe ist der Scheich, d. h. Sprecher; er muß durch seine Worte überzeugen können.

Blenden wir zurück in die biblische Vergangenheit: „Scheich" Abraham zieht mit seiner Sippe vor mehr als 4000 Jahren von Ur, einer südmesopotamischen Stadt (heute Irak), nordwärts nach Haran im heutigen Syrien. Und dann passiert etwas Ungewöhnliches für die damalige Zeit. Der Ruf Gottes ergeht an einen Menschen. Es scheiden sich Weltgeschichte und Heilsgeschichte. Und der biblische Bericht hat es von nun an mit dieser Heilsgeschichte zu tun.

Für die Historiker ist es rätselhaft, warum der wohlhabende Abraham das komfortable Stadtleben plötzlich aufgibt und zur strapaziösen Lebensweise eines Beduinenscheichs zurückkehrt.

„Der Herr redete zu Abraham: Gehe deinen Weg allein weiter, weg aus deinem Heimatland und von deiner Verwandtschaft und deinem Vaterhaus in das Land, das ich dir zeigen werde. Ich werde dich zu einem großen Volk machen, ich werde dich segnen . . .

Da brach Abraham auf, wie der Herr ihm geboten hatte. Er nahm aber seine Frau Sarai und seinen Neffen Lot und all seinen Besitz und seine Knechte und Mägde und wanderte nach Kanaan (heute Israel, etwa 1000 km; 1. Mose 12).

Abraham bricht seine Zelte ab

Später geraten die Sippen von Abraham und Lot aneinander, weil die kargen Weideplätze für die zahlreichen Kamele, Schafe und Ziegen nicht mehr ausreichen. Unter der Wüstensonne erhitzen sich rasch die orientalischen Gemüter. Beduinendolche kommen zwar nicht zum Einsatz, aber der „Scheich" muß schlichten:

„So entstand ein Streit zwischen den Hirten Abrahams und denen Lots. Da sagte Abraham zu Lot: Es soll doch kein Streit sein zwischen mir und dir, zwischen meinen und deinen Hirten. Wir sind doch Brüder! Das ganze Land steht dir offen. So trenne dich doch von mir. Willst du rechts gehen, so gehe ich links. Willst du links ziehen, so ziehe ich rechts. Da machte Lot seine Augen auf und sah die wasserreiche Jordanebene und brach auf nach Osten" (1. Mose 13).

Auch Scheich Abraham „bricht seine Zelte ab" und wandert nach Hebron in die jüdäische Wüste. Fortan führen die Stammväter Israels — Abraham, Isaak und Jakob — ein halbnomadisches Dasein: Sie ziehen zwischen den Tränken in der Wüste und den Städten Jerusalem, Hebron und Beerscheba hin und her.

Beerscheba erwacht aus einem tausendjährigen Schlaf

Unser israelischer Reisebus verfolgt die Spuren Abrahams und seiner Kamele nach Beerscheba.

In den Tagen der biblischen Erzväter ist Beerscheba nicht mehr als eine aus Brunnen bestehende, vom trostlosen Ödland umgebende Tränke auf der Karawanenstraße von Ägypten nach Kanaan gewesen. Erst im Jahre 1880 haben die Türken diesen Flecken zu einem Verwaltungszentrum für die Beduinenstämme des Negev ausgebaut. Im Oktober 1948 entreißen die israelischen Streitkräfte den kleinen Vorposten am Rande der Wüste der ägyptischen Armee, und Beerscheba erwacht aus einem tausendjährigen Schlaf.

Aus einem Ort mit 1000 Beduinen wird eine Stadt von 72 000 Einwohnern. Dort, wo nur kurz zuvor die Karawanen im Wüstensand ihren Weg gesucht haben, erheben sich moderne Wohnsiedlungen, Regierungsgebäude und Hotels. Die Einöde verwandelt sich teilweise in fruchtbares Ackerland.

Merkwürdig, überall in Beerscheba entdecken wir heidekrautähnliche Bäumchen, Tamarisken genannt. Der israelische Forstexperte Dr. Joseph Weitz hat in diesem Zusammenhang erklärt: „Der erste Baum, den Abraham in den Boden von Beerscheba pflanzte, war eine Tamariske (1. Mose 21, 33). Nach seinem Vorbild haben wir in diesem Gebiet zwei Millionen neu gesetzt. Abraham hatte das einzig Richtige getan; denn die Tamariske ist einer der wenigen Bäume, die nach unseren Feststellungen im Süden, wo der jährliche Niederschlag unter 150 Millimeter bleibt, gedeihen."

Lügen haben kurze Beine

Während unser Bus in der modernen City auftankt, bemühe ich mich vergeblich, eine bildhübsche Beduinenfrau auf die Mattscheibe zu bannen. Jedesmal, wenn ich meine Telekamera abschußbereit machen will, fällt der schwarze Schleier. Abraham wäre mancher Ärger erspart geblieben, wenn seine attraktive Frau Sarai einen Schleier getragen hätte, als sie wegen einer Hungersnot nach Ägypten ziehen:

„Kurz vor Ägypten sagte er zu ihr: Ich weiß wohl, daß du eine schöne Frau bist. Wenn nun die Ägypter dich sehen, werden sie denken: Das ist seine Frau; dann werden sie mich erschlagen und dich am Leben lassen. Darum sage einfach, du seist meine Schwester" (1. Mose 12).

Nach der Bibel werden die ägyptischen Hofbeamten mit Sarai bekannt, und Pharao verleibt sie seinem Harem ein. Eine tragische Situation für den feigen Abraham.

Das Gericht Gottes kommt über Pharao, der Abraham sofort zu sich bittet:

„Warum hast du mir das angetan? Warum hast du mir gesagt, sie sei deine Schwester. Darum nahm ich sie mir zur Frau. Da hast du sie wieder. Nimm sie und geh' . . ." (1. Mose 12).

Lügen haben kurze Beine. Aber Abraham kommt mit dem Schrecken davon und wird mit seiner Sippe wieder abgeschoben nach Kanaan. Manchmal schreibt Gott auch auf krummen Linien gerade.

Beduinen sind gastfreundlich

Im Schritt-Tempo passieren wir den malerischen Beduinenmarkt von Beerscheba. Jeden Donnerstag von 6 bis 10 Uhr morgens feilschen geizige Touristen mit geschäftstüchtigen Beduinen um kunstvoll bestickte Blusen oder handgeschnitzte Kamele.

Am Rande der aufstrebenden Pionierstadt stoßen wir auf eine fast menschenleere Beduinensiedlung mit neuerbauten einfachen Blockhütten aus Stein. Mit wechselndem Erfolg möchte die israelische Regierung die wandernden Beduinen seßhaft machen. Wohler fühlen sich die traditionsbewußten Wüstenbewohner in ihren schwarzen Zelten. Unser Busfahrer Isaak hält vor einem typischen Beduinenzelt in unmittelbarer Nähe der kastenförmigen Häuschen. Pulsierendes Leben kommt urplötzlich in diese arabische Siedlung inmitten der toten Wüste. Bettelnde Beduinenkinder bedrängen aufgeschreckte „Pilger". Zwi verhandelt mit einem Beduinenscheich; sie kennen sich von „früheren Geschäften".

Das Gesetz der Wüste lautet: Der letzte Schluck Wasser und der letzte Bissen Brot gehören dem Gast. Und wer von einem Beduinen bewirtet wird, steht unter dem Schutz des ganzen Stammes. Der Scheich wäscht als Gastgeber einem Kamelreiter die Füße.

„So ein Kamel"

Bei uns ist alles anders. Ein Bus ist kein Kamel! Niemand bekommt seine verstaubten Füße gewaschen. Und für den Scheich sind wir willkommene Geschäftsfreunde. Unser Besuch kostet 3 israelische Pfund pro

Person. Die ausgehandelte Provision für Isaak und Zwi bleibt Geschäftsgeheimnis.

Der Scheich bindet sein gesatteltes Kamel los und wartet geduldig auf den ersten Westeuropäer, der sich mutig auf den „König der Wüste" schwingt. Eine forsche Liliputanerin aus Hamburg eröffnet das unbekannte Reiterspiel. Ruckartig, von jämmerlichen Lauten begleitet, erhebt sich das müde Tier. Programmgemäß müßte sich diese qualvolle Prozedur fünfundfünfzigmal wiederholen. Ein Kamel oben, eins unten, und der Scheich daneben — ein romantisches Erinnerungsfoto.

„In Jerusalem bezahlen Sie allein 2 Pfund, wenn Sie sich mit einem Kamel fotografieren lassen wollen", hat Zwi lauthals im Bus verkündet. Der Scheich würde uns nicht nur auf seinem Kamel reiten lassen, sondern uns außerdem als seine Gäste bewirten. Ferner würde er sich ausgiebig mit uns unterhalten. Ein Märchen aus tausendundeiner Nacht ... Nach dem vierten Reiter streikt das Kamel endgültig und bleibt liegen. So ein Kamel! Und die betrogenen Leviten denken: Was bin ich doch für ein Kamel! Hätte ich mich doch zuerst draufgesetzt! Mir fällt ein Wort aus einer islamischen Lebensphilosophie ein: „Malesch", d. h. macht nichts. Mit andern Worten: Wenn du dein Versprechen halten kannst, ist es gut. Wenn du es nicht halten kannst, ist es auch gut. Hauptsache, du hast kassiert.

Drei Frauen und neun Söhne

Der zweite Akt spielt sich in dem schwarzen Ziegenhaarzelt ab, das sich bei Regen und Kälte zusammenzieht und bei Hitze weitet, sozusagen vollautomatisch. Wenn Fremde ankommen, wird vor dem Frauenabteil eine Zeltbahn heruntergelassen. Das Reich der Frau hat zwei Abteilungen, links zum Wohnen und Schlafen, rechts zum Kochen. Die Beduinenfrauen arbeiten von morgens bis abends; sie kümmern sich um die Kinder, versorgen das Vieh, backen Brot und weben Teppiche. Keine verheiratete Frau darf sich den Gästen zeigen. Unser fast sechzigjähriger Scheich hat drei Frauen, neun Söhne und drei Töchter.

Wir lagern auf abgenutzten Matratzen, auch die vollschlanken älteren Damen aus dem bundesrepublikanischen Wohlstandsland, und beobachten voller Erwartung den arabischen Scheich, der wie ein indischer Guru vor einer Kohlenfeuerstelle hockt und weltvergessen in eine total verrußte Kaffeekanne hineinstarrt. Endlich kocht das Wasser aus Abrahams Brunnen (wer weiß?). Im Mörser werden die Kaffeebohnen zerstampft, und das duftende Pulver wird in das kochende Wasser geschüttet. Die

Zeltgäste atmen erleichtert auf. Aber kaum hat sich der Kaffee gesetzt, schüttet ihn der Scheich durch ein Sieb, und dem Kaffee wird frisches Pulver zugesetzt.: Aufkochen, ziehen und abgießen. Dreimal wiederholt sich dieser langwierige Vorgang. Der Scheich denkt „Malesch" (macht nichts). Er hat unendlich viel Zeit. Seine Uhr ist die Sonne, sein Kalender das Gesetz der Jahreszeiten.

„Allah hat es gewollt"

Seine drei Enkelkinder hocken neben ihm und lächeln verschämt über das nervöse Minenspiel der buntbetuchten Gäste aus fernen Welten. Noch genießen diese neun- bis zwölfjährigen Mädchen ihre Freiheit. Sobald sie verheiratet sind, müssen sie einen Schleier tragen bis an ihr Lebensende und hinter dem Vorhang verschwinden. Allah hat es so gewollt, und Mohammed, sein Prophet, hat es verkündigt.

Ein Wink genügt, und die Mädchen reichen dem Patriarchen ein Tablett mit winzigen Tassen. Der Kaffee wird von den Mädchen serviert. Das Tablett macht zweimal die Runde. Jedesmal ist der Tassenboden soeben bedeckt. Es reicht gerade für zwei Schluck, mehr nicht. Der Scheich erhebt sich und verläßt majestätisch das Zelt. Wir zockeln hinterher und freuen uns auf ein informierendes Gespräch. Nachdem sich alle Leviten neugierig um den Scheich geschart haben, redet er zum ersten- und letztenmal zu uns in arabischer Sprache, und Zwi übersetzt feierlich: „Frieden der Regierung Israels. Ich wünsche Ihnen eine gute Reise. Vielen Dank für Ihren Besuch." Drei kostbare Sätze eines Wüstenscheichs.

Isaak sitzt schon am Steuer und hupt. Wir sollen einsteigen.

Malesch, denke ich. Macht nichts.

9. Wo David Ben Gurion lebte

Während unserer 236 km langen Fahrt durch die Negev-Wüste nach Elath am Roten Meer beobachtete ich den 36jährigen Busfahrer hin und wieder durch den Rückspiegel. Gelangweilt und beinahe schadenfroh wandern seine Augen zu drei israelischen Panzern, die sich durch den heißen Wüstensand quälen. Dahinter erspähe ich ein militärisches Zeltlager und eine gehißte israelische Nationalflagge mit dem Davidstern.

„Fotografieren verboten", droht Zwi. Kurz darauf huscht ein erwartungsfrohes Lächeln über sein braungebranntes Gesicht: „Meine Damen und Herren, jetzt halten Sie bitte Ihre Fotoapparate bereit." Beduinenfrauen kommen in Sicht; sie schöpfen Wasser aus einem Brunnen nahe der Wüstenstraße.

„Frauen und Tiere haben keine Seele"

Isaak stoppt, und die Seitenfenster gehen herunter. Aber die aufgeschreckten Beduinenfrauen sind schneller. Wir sehen nur noch vermummte Gestalten ohne Gesichter. Nur in ihren emsigen Händen ist pausenlos Leben. Frauen und Tiere haben keine Seele, soll Allah durch den Propheten Mohammed gesagt haben.

Schwere Benzinkanister — mit Wasser gefüllt — wuchten sie auf einen Maulesel, bevor sie die Wüstenwanderung zu ihren Zelten wieder antreten. Zwei niedliche Mädchen mit langen schwarzen Zöpfen schauen uns freundlich an, als wollten sie sagen: Wir verstehen unsere Mütter auch nicht. Ein kleiner Junge zieht unentwegt Kreise in den feinen Sand.

Uralter Streit zwischen Juden und Arabern

Vor einer halben Stunde sind wir noch in Abrahams Stadt, in Beerscheba, gewesen. Wieder drängt sich ein biblischer Vergleich auf. Die ständigen Reibereien zwischen Abrahams Söhnen Isaak und Ismael führen schließlich zu einer schmerzlichen Trennung, der Abraham aber erst zustimmen kann, als ihm versichert wird, seiner Magd Hagar und ihrem Sohn Ismael würde nichts passieren:

„Daraufhin stand Abraham am andern Morgen früh auf, nahm Brot und einen Schlauch mit Wasser und gab dies alles der Hagar, legte es auf ihre Schulter und schickte sie dann mit ihrem Sohn fort . . . Sie ging und irrte in der Wüste bei Beerscheba umher.

Als dann das Wasser im Schlauch zu Ende gegangen war, warf sie den Knaben unter einen der Steppensträucher ... Sie saß ihm gegenüber und fing laut an zu weinen. Da hörte Gott das Schreien ihres Kindes ... Gott öffnete ihre Augen, so daß sie einen Wasserbrunnen sah. Sie ging hin und füllte den Schlauch mit Wasser und gab dem Kinde zu trinken ..." (1. Mose 21)

Später erwählt Hagar, die Ägypterin, ihrem Sohn Ismael eine junge Ägypterin zur Frau.

Juden — ihr Stammvater heißt Isaak —, und Araber — ihr Stammvater heißt Ismael —, sind durch ihren gemeinsamen Großvater Abraham miteinander verwandt. Wer hätte das gedacht?

Jener Brunnen, aus dem Hagar Wasser geschöpft hat für ihren durstigen Sohn Ismael, liefert heute wieder Wasser für 60 jüdische Siedlerfamilien am Rande von Beerscheba.

Verschüttet unter Sandmassen sind jetzt uralte Brunnen freigeschaufelt worden. Wochenlang sind israelische Geologen mit der Bibel als Kompaß durch die öden Sandwüsten gestreift und haben dem alten Isaak einfach auf die Finger geschaut:

„Isaak grub die Brunnen aufs neue auf, die man zu Lebzeiten Abrahams gegraben hatte, die dann die Philister nach dem Tode Abrahams zugeschüttet hatten" (1. Mose 26).

Vorsicht: Minengefahr

Unser Isaak hat einen gewaltigen Eisblock in Beerscheba „an Bord" genommen, eine köstliche Erfrischung für ausgetrocknete Touristen.

Zwi macht uns auf die säuberlich geharkten Sandstreifen zu beiden Seiten der asphaltierten Fahrbahn aufmerksam. „Sogar in der Wüste sind wir vor arabischen Terroristen nicht sicher", stöhnt er. „Unsere Soldaten suchen jeden Morgen diese Randstreifen nach verdächtigen Spuren, nach eingegrabenen Mienen ab. Neulich haben bewaffnete Palästinenser einen jüdischen Lastwagenfahrer angehalten und erschossen.

Sede Boker — Wüsten-Wohnsitz von Ben Gurion

Wir stoßen auf den berühmten Kibbuz „Sede Boker", u. a. ein Studienzentrum für die Lebensbedingungen in der Wüste. Man muß die wagemutigen israelischen Pioniere bewundern, die sich in dieser menschenfeindlichen Einöde angesiedelt haben. Irgendwo in der Wüste ein künstlicher Garten mit Pfirsichbäumen, Feldern, Schuppen und Häusern. Unglaublich!

Hier wohnte der ehemalige Ministerpräsident David Ben Gurion in einer schlichten Baracke. Im Jahre 1906 verließ Ben Gurion als Zwanzigjähriger seine polnische Heimatstadt Plonsk mit einem kleinen Rucksack als Reisegepäck. Vierter Klasse fuhr er mit der Bahn nach Odessa und von dort mit einem alten Frachter durch das Schwarze Meer ins Mittelmeer, bis der nachmalige „Vater des jüdischen Staates" schließlich in Jaffa den heiß ersehnten Boden des „gelobten Landes" betrat.

Enttäuscht von der kargen Landschaft schrieb er an seinen Vater: „Aber wer will seufzen oder verzweifeln. In 25 Jahren wird unser Land zu den blühendsten, schönsten und glücklichsten gehören. Eine alte neue Nation wird in einem alten neuen Land blühen." Damals stand Palästina unter türkischer Herrschaft, bis 1918, und dann wurde es von den Engländern bis 1948 verwaltet.

Liebesgrüße von David an Paula

Ben Gurion kämpfte für einen unabhängigen jüdischen Staat auf palästinensischem Boden und wurde deshalb von den Türken des Landes verwiesen. Im Jahre 1918 heiratete er in New York eine jüdische Krankenschwester, die er im 6. Monat ihrer Schwangerschaft im Stich ließ. Als freiwilliger jüdischer Legionär ließ er sich von den Briten nach Palästina zurückbringen. Fortan wechselten flammende Liebesbriefe zwischen David und Paula — so heißt Ben Gurions Frau — zwischen Jerusalem und New York. Eine bescheidene Kostprobe: „Ich liebte dich schon, ehe ich dich heiratete, und du weißt das, obwohl ich es dir nie gesagt habe. Meine Liebe ist seitdem gewachsen. Du bist mein leidender Engel, der unsichtbar über mir schwebt."

Liebe wächst bekanntlich mit dem Quadrat der Entfernung, jedenfalls bei Ben Gurion. Rühmenswert an dieser Liebesgeschichte ist die Tatsache, daß David seiner Paula treu geblieben ist und sich in keine Bath-Seba verliebt hat.

Dramatische Staatsgründung Israels

Durch UNO-Beschluß endete am 14. Mai 1948 das englische Mandat in Palästina. Um vier Uhr nachmittags versammelten sich 42 Juden im Museum von Tel Aviv, um den neuen Staat Israel zu gründen. David Ben Gurion verlas die Unabhängigkeitserklärung, in der es u. a. heißt:

„Im Lande Israel entstand das jüdische Volk. Hier prägte sich sein geistiges, religiöses und politisches Wesen. Hier lebte es frei und unabhängig. Hier schuf es eine nationale und universelle Kultur und schenkte der Welt das ewige Buch der Bücher.

Mit Zuversicht auf den Fels Israels setzen wir unsere Unterschrift zum Zeugnis unter diese Erklärung."

Alle Mitglieder sprachen den hebräischen Segensspruch: „Gesegnet seiest Du, o Herr, unser Gott, König des Weltalls, der Du uns am Leben erhalten und bewahrt und gewährt hast, diesen Tag zu erleben."

Am selben Tag um 17.16 Uhr erkennt der amerikanische Präsident Truman Israel als Staat an. Die Sowjetunion folgt als 2. Staat, der Israel anerkennt. Die arabischen Nachbarstaaten erklären am nächsten Tag Israel den Krieg.

Drei Milliarden Mark als Wiedergutmachung

Zwanzig Meter hohe Antennen ragen aus der blühenden Oase in der Negev-Wüste heraus. Obwohl Ben Gurion bereits 1963 als Ministerpräsident von der politischen Bühne abgetreten ist, stand er in den folgenden Jahren mit der Regierung in Jerusalem in Verbindung.

Ich hätte diesen ungewöhnlichen Mann gern kennengelernt. Aber zu seinen Lebzeiten war er hier total abgeschirmt, und jetzt ist er tot.

„Malesch" würde ein arabischer Beduinenscheich sagen, macht nichts.

Der legendäre greise Staatsmann hat seinen Freund Adenauer überlebt, mit dem er sich zum erstmal im Hotel Walldorf Astoria getroffen hat. Adenauer besuchte Ben Gurion in dessen Baracke im Negev. Vielleicht hätte mich Ben Gurion auch empfangen, wenn ich drei Milliarden Deutsche Mark als Wiedergutmachung an Israel gezahlt hätte. (Der deutsch-israelische Wiedergutmachungsvertrag wurde 1952 unterzeichnet.)

Juden — dreifaches Wunder der Weltgeschichte

Herr „Grien" hat sich in Israel einen neuen Namen zugelegt, nämlich „Ben Gurion", d. h. Sohn eines Löwen. Seit eh und je haben israelische Namen symbolische Bedeutung. Als der israelische Stammvater Jakob mit Gott ringt, sagt er in seiner Verzweiflung:

„Ich lasse dich nicht los, wenn du mich nicht vorher gesegnet hast. Darauf antwortet Gott: Du sollst hinfort nicht mehr Jakob heißen, sondern Israel, d. h. Gotteskämpfer; denn du hast mit Gott und mit Menschen gekämpft und bist Sieger geblieben" (1. Mose 32).

David Ben Gurion — als Gottesleugner nach Israel eingewandert —
bekehrt sich im Land seiner Väter zu dem Gott Abrahams, Isaaks und
Jakobs. Später bekennt er: „Die Juden sind ein dreifaches Wunder der
Weltgeschichte: Sie haben zwei Jahrtausende in der Zerstreuung überlebt; sie haben ihr Land, ihre Sprache und ihr Volkstum innerhalb einer
Generation erneuert. Das Geheimnis dieses Wunders liegt in der Bibel,
die uns nie verzweifeln ließ."

10. Tempelaustreibung in der Negev-Wüste

Isaak parkt seinen verstaubten Bus am Fuße eines gewaltigen weißen Berges, bedeckt mit zunächst undefinierbaren Geröllmassen. Vor weniger als 2000 Jahren haben hier 30 000 Menschen gewohnt. Der nabatäische König Abdat II., ein Zeitgenosse Herodes des Großen, hat diese Stadt Avdat errichtet, die später dem römischen Imperium unter Kaiser Trajan einverleibt worden ist.

Im 2. Jahrhundert bauen christliche Byzantiner Avdat zu einer bedeutenden Festung gegen die südlichen Beduinenstämme aus, bis es im Jahre 634 den arabischen Heeren zum Opfer fällt. Seitdem ist Avdat nie mehr aus dem Dornröschenschlaf erwacht.

Ein steiler Pfad windet sich an dem Stadthügel empor, vorbei an den kümmerlichen Resten der Byzantinischen Mauer und seltsamen Wohnhöhlen.

Israelische Archäologen haben die Ruinen eines byzantinischen Klosters sowie zweier Kirchen freigelegt. Geschichtskundige „Leviten" bestaunen die kunstvoll behauenen Taufbecken und Säulen, verziert mit christlichen Symbolen.

Plötzlich klingen wohlbekannte Klänge an mein Ohr. Sind die byzantinischen Christen aus jenen Tagen auferstanden? Hinter einem Trümmerfeld sichte ich eine temperamentvolle Schar meist junger Menschen in farbenprächtigen Gewändern. Drei Minuten später stehe ich — außer Atem — auf einem schuttfreien Platz, vor mir ein verwirrendes Spektakel. Meine Kamera ist fast schußbereit, da pfeift der amerikanische Filmregisseur ab. So ein Pech. Schauspieler, Statisten und Kameramänner lassen alles stehen und liegen und fliehen in den Schatten notdürftig aufgeschlagener Zelte. Eine zweistündige Mittagspause wird eingelegt.

Mißmutig kehre ich zu meinen Leviten zurück. Zwi steht gerade auf dem plattierten Boden einer christlichen Basilika. Wuchtige Säulenreste zeugen von vergangener Pracht. „Sogar diese sechs Meter hohen Säulen sind erhalten geblieben", höre ich Zwi sagen. Daraufhin klopfe ich die mysteriösen Gebilde auf ihren Wahrheitsgehalt hin ab: Es sind Attrappen aus Kunststoff, Kulissen für den Film „Jesus Christ Superstar", der auf diesem historischen Gelände gedreht wird. Man sollte auch einem israelischen Reiseführer nicht blindlings vertrauen.

Tempelaustreibung in der Wüste

Der heilige Theodor — diese Basilika trägt seinen Namen — würde sich im Grabe herumdrehen, wenn er wüßte, welche verwerflichen Produkte auf den geweihten Steinplatten „seiner" Basilika herumliegen: Geldwechselmaschinen in allen Ausführungen, vergitterte Kästen mit gurrenden Tauben, stapelweise, und zur unverhohlenen Freude der beduinischen Aufpasser, Gewehre und Maschinenpistolen.

Ich werde an eine aktuelle Serie des Nachrichtenmagazins „Der Spiegel" über den südamerikanischen Freiheitskämpfer Che Guevara erinnert, die den Titel trug: „Auch Christus hätte zum Gewehr gegriffen."

Ich glaube nicht.

Jedenfalls würde ich gern dabei sein, wenn der Superstar in zwei Stunden Geschäftemacher, Kriegstreiber und Scheinfromme aus dem Tempel von Avdat vertreiben wird.

In einem Zeltbau spüre ich ihn auf; er sitzt an einem kümmerlich zurechtgezimmerten Tisch und hält eine Hammelkeule in seiner schmalen linken Hand. Seine amerikanischen Tischgenossen zeigen auf ihn: „Das ist er, der Superstar."

Wehmut liegt in seiner Antwort

Er trägt keinen goldgewirkten Supermantel wie sein Vorgänger in der spektakulären Rockoper „Jesus Christ Superstar", die inzwischen wohl 30 Millionen Dollar eingespielt hat.

Vor mir sitzt vielmehr ein sympathischer blonder Mann, etwa 28 Jahre alt, gehüllt in ein knöchellanges, schlichtes Gewand, das eine Kordel zusammenhält. Wortlos folgt er mir in die Wüste und lächelt unbekümmert in das Teleobjektiv. Ich frage ihn:

„Was bedeutet Ihnen Jesus von Nazareth?"

„Er ist für mich ein großartiger Mensch."

Mehr nicht. Wehmut liegt in seiner Antwort, dieselbe Wehmut, mit der Ex-Beatle George Harrison sein weltbekanntes Lied vorträgt „My sweet Lord" (mein geliebter Herr). „Ich möchte Dich so gerne kennenlernen, aber es fällt mir so unsagbar schwer."

Während der Superstar nachdenklich in das weiße Zelt zurückgeht, werfe ich einen letzten Blick auf den umfunktionierten „Tempel". Dahinter wartet ein echter Beduinenhirte mit seiner Schafherde auf seinen ersten Auftritt im Film.

Warum machen wir es uns so schwer? Die unvergleichliche Botschaft des guten Hirten will Wehmut in dankbare Freude verwandeln:

„Ich bin der gute Hirt. Ein guter Hirt ist bereit, für seine Schafe zu sterben. Jemand, dem die Schafe nicht selbst gehören, ist kein richtiger Hirt. Darum läßt er sie im Stich, wenn er den Wolf kommen sieht, und läuft davon.

Ich aber bin gekommen, daß meine Schafe das Leben haben, Leben im Überfluß" (Johannes 10).

11. Am Roten Meer –
Du wirst vom Schwert leben

Am Rande der Sinai-Wüste verglühen die letzten Sonnenstrahlen auf den feuerroten Bergen Edoms, der ehemaligen Heimat Esaus mit dem Spottnamen Edom (rot) wegen seiner rötlichen Haare und dem roten Linsengericht, das er gegen sein Erstgeburtsrecht einhandelt. Heute kann ich mit dem weinenden Esau mitfühlen, der von seinem Vater Isaak ans Ende der Welt abgeschoben wird:

„Du wirst deine Wohnung haben fern von den Fettgefilden der Erde und fern vom Tau des Himmels. Du wirst vom Schwert leben . . .“ (1. Mose 27, 38 f).

Die reisemüden Leviten atmen erleichtert auf, als Busfahrer Isaak ausruft: „Jetzt sehen Sie die ersten Lichter von Akaba und Eilath.“

Zwei bedrohliche Brennpunkte am Fuße der Edomiter-Berge, wo sich der israelisch-arabische Konflikt oft entzündet hat. Zwei wichtige Hafenstädte in der Bucht des Roten Meeres; sie liegen nur 4 Kilometer auseinander:

Auf jordanischer Seite Akaba. Südlich dahinter breitet sich Saudi-Arabien, das Reich des Ölkönigs Feisal, aus.

Und Eilath ist der südlichste Zipfel des Staates Israel. Eine Mischung aus Kriegshafen, Seebad und Pionierstadt. Eilath zählt bereits 14 600 Einwohner und ist erst im Jahre 1952 entstanden.

Östlich von Eilath schließt sich die von Israel besetzte Sinai-Halbinsel an. Der von Israel gewonnene Sechstagekrieg (1967) bricht aus, als der damalige ägyptische Präsident Nasser 80 000 Soldaten auf der Sinai-Halbinsel zusammenzieht, den Zugang von Eilath zum Roten Meer blockiert und das Feuer auf israelische Schiffe eröffnet.

Auf Salomos Spuren

Nachts liegen in der gefährlichen Bucht keine Schiffe vor Anker. Aber die Nächte in Eilath sind trotzdem lang. Israelis und ausländische Touristen amüsieren sich in mondänen Clubs, die romantische Namen wie „Am Ende der Welt“ tragen.

Noch am gleichen Abend unserer Ankunft folgen wir „Leviten“ unserm Reiseführer Zwi in ein jüdisches Juweliergeschäft, das jährlich blau und grün schimmernde Eilath-Steine im Werte von fast 3 Millionen

Mark umsetzt. Die kauflustigen Leviten unter uns decken sich denn auch mit preiswerten Manschettenknöpfen und Broschen aus Eilath-Steinen ein. Währenddessen geselle ich mich auf der gegenüberliegenden Straßenseite zu zwei verwegenen Schweizer Ingenieuren, die vorübergehend in den benachbarten Timma-Kupferbergwerken arbeiten. Dort werden auch die Eilath-Steine gewonnen.

Die frische Abendluft genießend, hocken sie auf unbehauenen Treppenstufen und klagen über Reibereien zwischen Juden und Marokkanern im Bergwerk. Aber sonst fühlen sie sich wohl.

Den Grundstein zu den ergiebigen Kupferminen hat der israelische König Salomo vor 3000 Jahren gelegt. Seine Schmelzöfen haben die Israelis in unseren Tagen ausgegraben. (1. Könige 9, 26.)

Der Golf von Eilath ist für Israel der einzige Durchgang zum Indischen Ozean, nach Asien und Australien. Tankschiffe pumpen jährlich 60 Millionen Tonnen Rohöl durch eine 300 Kilometer lange Rohrleitung nach Israel hinein.

„Heute nacht habe ich zu Jesus gebetet"

In Eliath gibt es auch menschliche Probleme. Spät abends sitze ich in meinem Hotel „Caravan" an der Theke und schlürfe eiskalten Orangensaft aus Jaffa. Neben mir döst ein zwielichtiger Bursche mit einem erbeuteten Tigerzahn als Orden auf seiner behaarten Brust. Unheimlich stark wirkt der braune Bomber aus Äthiopien. Wir kommen ins Gespräch — unter vier Augen.

„Der Alkohol macht mich kaputt. Ich möchte davon loskommen, aber weiß nicht — wie?" schreit es buchstäblich aus ihm heraus.

Ich bezeuge ihm die befreiende Kraft Jesu. Jonny hört aufmerksam zu. Dann muß er kellnern. Aber er möchte das Experiment des Glaubens wagen. Ich will zahlen und ins Bett gehen. Der hellhörige Schankwirt hat zugehört und macht die Theke zum Beichtstuhl. Am andern Morgen kommt er freudestrahlend auf mich zu:

„Ich habe heute nacht noch im Neuen Testament gelesen und zu Jesus gebetet."

Selbst in Eilath mache ich die beglückende Erfahrung, daß in „Jesus alle Schätze der Weisheit und Erkenntnis verborgen liegen".

Schaufenster in der Korallenbucht

Unvermutete Naturschätze liegen in der „kriegerischen" Bucht des Roten Meeres verborgen. In die Märchenwelt der Korallen entführt uns ein weißes Boot mit eingebautem gläsernen Boden. Zwei Stunden lang starren neugierige Augen zuweilen 20 Meter tief in das tiefblaue Wasser, immer auf der Suche nach den angekündigten Korallenbäumen und exotischen Fischen. Direkt neben mir äugt ein jüdisches Ehepaar aus Jerusalem in die Fluten.

„Herrliche Fische, Sie werden sehen", verspricht mir der aus Ungarn eingewanderte Mann. Langsam werde ich ungeduldig, weil das Schaufenster leer bleibt. „Passen Sie auf, Sie werden es erleben", beschwört mich der Jerusalemer; immerhin hat er schon eine Schiffsrunde hinter sich.

Wir unterhalten uns über den nächsten Krieg zwischen Juden und Arabern. Hin und wieder huschen „kleine Fische" und glitzernde Korallenbäumchen unter uns vorbei. Die hinreißende Naturschau bleibt aus. Man soll den Mund nie zu voll nehmen.

Strandgespräche am Roten Meer

Schwimmende Leviten suchen auf eigene Faust den Meeresgrund ab. Während der streitbare Theologe Professor Beyerhaus — mit Schnorchel ausgerüstet — den flachen Meeresboden absucht, sitze ich am Strand und plaudere mit drei jungen Urlaubern aus TelAviv über das Alte Testament. Auf ihr persönliches Verhältnis zum Gott ihrer Vorväter Abraham, Isaak und Jakob angeprochen, bekennt der braungebrannte Eli: „Mein Gewissen und die Geschichte des Volkes Israel sagen mir, daß dieser Gott lebt. Deshalb bete ich auch zu ihm." Seine jüdischen Freunde nicken zustimmend. Nur mit den religiösen Speisegesetzen und andern formalen Riten möchten sie nichts zu tun haben. Das verstehe ich.

Manchmal wird die wohltuende Ruhe in der sonnigen Bucht durch Motorengeräusch unterbrochen. Auf der neuerbauten Küstenstraße fahren Autos nach Scharm-el-Scheich, der äußersten Spitze der Sinai-Halbinsel. Auf der letzten Sanddüne vor dem Roten Meer bei Scharm-el-Scheich weht die israelische Flagge mit dem Davidstern. 10 000 israelische Soldaten halten diesen strategisch wichtigen Stützpunkt besetzt.

12. Herodes geistert durch Jericho und Massada

Blutjunge Israelis in hellgrünen Kampfanzügen gönnen sich ein verdientes Nickerchen. Den müden Kriegern auf dem primitiven Rastplatz zwischen Rotem und Totem Meer steht es im Gesicht geschrieben: „Wir haben den Kampf so satt." Ich geselle mich zu ihnen.

„Kämpfen oder Sterben, wir haben keine andere Wahl", belehrt mich einer von ihnen, als ich nach dem arabisch-israelischen Konflikt frage. Lieber heute als morgen würden die jungen Soldaten die Friedenstaube fliegen lassen.

Festung Massada am Toten Meer

„Meine Damen und Herren, wir fahren jetzt eine Stunde lang am Toten Meer entlang, aber Massada können wir leider nicht mehr besichtigen. Es ist zu spät", verkündet Zwi. Die Leviten murren.

Zwischen Ein Bokek und Ein Gedi liegt auf einem 441 Meter hohen Gipfel über dem Toten Meer die stolze Festung Massada, vom Hohenpriester Jonathan 36 vor Chr. erbaut. Bald darauf hat König Herodes der Große einen luxuriösen Palast danebengesetzt; seine Rüstungs- und Vorratskammern sind erst 1956 ausgegraben worden.

Als der römische Feldherr Titus 69 n. Chr. Jerusalem belagert, gelingt dem jüdischen Befehlshaber Eleasar ein Ausbruchversuch; er flieht mit seiner Truppe nach Massada, der letzten Festung in jüdischer Hand. Erst nach zweijährigem verzweifeltem Kampf besiegen die besser ausgerüsteten und zahlenmäßig überlegenen Römer die jüdischen Soldaten. Aber die Verteidiger von Massada wollen den Feinden nicht erbarmungslos ausgeliefert sein.

Selbstmord der Verteidiger von Massada

Am ersten Tag des Passahfestes, dem Gedenktag der Sklaverei des Volkes Israel in Ägypten, nehmen sich die eingeschlossenen Juden zusammen mit ihren Frauen und Kindern das Leben; nur zwei Frauen und fünf Kinder überleben.

Josephus Flavius, der zuverlässige jüdisch-römische Geschichtsschreiber, hat die letzte Rede des Generals Eleasar in seinen Annalen festgehalten:

„... lange zuvor schon hatten wir beschlossen, niemals die Sklaven der Römer oder anderer, außer jene Gottes, zu sein ... Retten wir also unsere Frauen, ehe sie mißbraucht werden, und unsere Kinder, ehe sie die Sklaverei kennenlernen mußten; und nachdem wir sie getötet haben, wollen wir einander diese Wohltat erweisen und uns in Freiheit unser Grabmal schaffen ..."

Der jüdisch-römische Krieg ist beendet. Zweitausend Jahre sind inzwischen vergangen, und ein neuer Krieg ist entbrannt. Das Grabmal sind die Ruinen. Immer neue Ruinen.

Mose schaut ins verheißene Land

Endlich haben wir den nördlichsten Zipfel des Toten Meeres bei Jericho erreicht. „Bald sehen Sie Jerusalem, die Stadt auf dem Berge, im bunten Lichtermeer", informiert uns Zwi. Er möchte für gute Stimmung sorgen.

Nur wenige Kilometer von unserm fahrenden Bus entfernt hat Mose bei Tageslicht einen herrlichen Blick auf das verheißene Land geworfen: „So stieg Mose von den Steppen Moabs auf den Berg Nebo ... gegenüber Jericho. Der Herr ließ ihn das ganze Land sehen. Und der Herr sagte zu ihm: Dies ist das Land, das ich Abraham, Isaak und Jakob eidlich zugesagt habe, indem ich sprach: Ich will es deinen Nachkommen geben. Ich habe es dich nur mit deinen Augen schauen lassen, aber hinüber darfst du nicht kommen ... So starb Mose ..." (5 Mose 34).

Jericho — Tor zum gelobten Land

„Schauen Sie mal durch mein Fernglas." Wir standen am Fuße des Berges der Versuchung bei Jericho. Steil ragt er von dieser tiefsten Stelle der Welt hoch.

„Zuletzt führte der Teufel Jesus auf einen sehr hohen Berg, zeigte ihm alle Reiche der Welt in ihrer Größe und Schönheit und sagte: Dies alles will ich dir geben, wenn du dich vor mir niederwirfst und mich anbetest." (Matthäus 48 f)

Es war ein sonniger Oktobernachmittag. Nun suche ich die Nähe und Ferne dieser herrlichen Gegend ab. Unmittelbar vor uns erstrahlt in satten grünen Farben die blühende Oase Jericho: Dattelpalmen, Orangenhaine, Olivenbäume und Bananenfelder. Jericho, das Tor zum gelobten Land. Am Horizont taucht östlich vom Toten Meer der Berggipfel Nebo auf — mit einer herrlichen Aussicht auf Palästina. Diese Schau hat Mose noch erleben dürfen, mehr nicht.

Und die Mauern stürzten ein

Nicht weit vor uns türmt sich ein geheimnisvoller Schutthügel auf: Alt-Jericho, Tell es Sultan genannt. Eine Fundgrube für Archäologen aus aller Welt. Jericho ist die älteste ausgegrabene Stadt. Häuserreste aus dem 5. Jahrtausend v. Chr. sind gefunden worden. Jene Mauern, die bei der Eroberung Jerichos durch Josua einstürzten, haben also auf viel älteren Kulturschichten gestanden.

„Niemand lacht mehr über die Trompeten von Jericho", lese ich als Überschrift in der „Frankfurter Allgemeinen". Und weiter: „Experimente mit Schallwellen sind nicht neu. Heute ist man weit davon entfernt, den Fall der von massiven steinernen Mauern bewehrten Stadt Jericho, wie er in der Bibel geschildert wird, in Bausch und Bogen als phantastische Erzählung abzutun."

Die Bibel berichtet:

„Da erhob das Volk Israel ein Kriegsgeschrei, und sie stießen in die Posaunen. Als nun das Volk den Schall der Posaunen hörte und das Feldgeschrei laut erscholl, stürzte die Mauer in sich zusammen." (Josua 6, 20)

Jesus kommt nach Jericho

Dichtgedrängt stehen suchende und neugierige Menschen an der Hauptstraße von Jericho. Es ist zum „Auf die Bäume klettern".

„Zachäus, steig schnell herunter. Ich muß heute dein Gast sein", ruft der durchreisende Jesus dem verrufenen Zolleinnehmer zu. Alle waren entrüstet, weil Jesus bei einem so schlechten Menschen einkehren wollte (Lukas 19, 5—7).

Als Isaak seinen Bus durch das moderne Jericho mit seinen 40 000 arabischen Einwohnern steuert, frage ich Zwi:

„Warum machen wir keinen Marktbummel?"

„Wenn was passiert, bin ich dran", kontert der ängstliche Jude.

Hat Zwi ein schlechtes Gewissen? Hat sich die israelische Besatzung immer fair benommen? Ich weiß es nicht.

Wieder fällt mir Zachäus ein, der durch die Begegnung mit Jesus ein neuer Mensch wurde. Dieser jüdische Zolleinnehmer sagte vor 2000 Jahren:

„Herr, ich verspreche dir, ich werde die Hälfte meines Besitzes den Armen geben. Und wenn ich jemand betrogen habe, so will ich ihm das Vierfache wiedergeben" (Lukas 19, 8).

Ein nachahmenswertes Beispiel — nicht nur für Juden mit unrechtmäßig erworbenem arabischen Besitz.

Jericho braucht Menschen wie Zachäus, der mit Taten der Liebe seine Feinde entwaffnet.

Mir scheint, noch immer geistert der verhaßte König Herodes der Große durch Jericho, voller Mißtrauen, herrschsüchtig und rachdürstig. Juden und Araber werden es aus eigener Kraft nicht schaffen, die Mauern des Hasses in Jericho und anderswo zum Einsturz zu bringen. Aber Gott kann!

13. Von Qumran nach Sodom und Gomorra

Auf der Straße der Barmherzigkeit

Auf der berüchtigten Straße zwischen Jerusalem und Jericho parkt Isaak seinen Bus unweit der verfallenen „Herberge zum barmherzigen Samariter". Ein Beduinenjunge steigt von seinem Maulesel herunter, als motivsuchende Leviten auf ihn zukommen. Seine schüchtern dreinschauende Schwester, in knöchellange Beduinentracht gehüllt, bemüht sich redlich um ein „gewinnbringendes" Lächeln; denn kaum ist die Fotojagd beendet, da strecken auch schon die Opfer ihre Hände aus. Die Leviten wollen sich nicht lumpen lassen. Jeder möchte den barmherzigen Samariter spielen. Eine sprechende Kulisse für das von Jesus erzählte Gleichnis.

Ungefähr 30 Kilometer lang ist die kurvenreiche Straße zwischen Jerusalem und Jericho. Jerusalem liegt 800 Meter über dem Meeresspiegel und das Tote Meer bei Jericho 390 Meter unter dem Meeresspiegel. Ferner verengt sich die abschüssige Straße in dem felsigen judäischen Gebirge zu Hohlwegen. Ein bevorzugter Beuteplatz für Gangsterbanden. Noch im 19. Jahrhundert mußten Reisende eine Schutzgebühr an den örtlichen Beduinenscheich entrichten, bevor sie die Straße benutzen durften.

Unsern Obolus haben seine Urenkel eingesteckt.

Beduinenhirt entdeckt uralte Schriftrollen

In dieser Gegend machte der Beduinenhirte Muhammad einen sensationellen Fund. Wir verfolgen seine heißen Spuren durch die Einöde der Wüste, bis wir vor einer aufragenden Felswand des judäischen Gebirges haltmachen. Auf einer Mergelterrasse über einem tief abfallenden Wadi (wasserloses Flußbett) befinden sich die Ruinen von Khirbet Qumran, die erst 1951 von Israelis ausgegraben worden sind.

Im Frühjahr 1947 erwachte Qumran aus seinem fast zweitausendjährigen Dornröschenschlaf, als Muhammad die Felswand nach einem verlorengegangenen Schaf absuchte. In der schwachen Hoffnung, es könnte sich hier verirrt haben, warf er einen Stein in eine der vielen Felsenhöhlen. Aufgeschreckt durch ein klirrendes Geräusch beim Aufprall des Steines, holte der Junge noch zwei Freunde herbei. Als sie die geheimnisumwitterte Höhle nach steilem Aufstieg erreichten, stießen sie auf uralte Tonkrüge mit Schriftrollen aus Papyrus und Leder.

Auf Umwegen kamen diese Handschriften über den orthodoxen Erzbischof von Jerusalem in die Hände versierter Archäologen. Es waren alttestamentliche Schriftrollen aus dem 1. Jahrhundert v. Chr. — eine ungeheure Entdeckung, wenn man bedenkt, daß die bis dahin ältesten Handschriften des Alten Testamentes aus dem 9. bzw. 10. Jahrhundert n. Chr. stammten.

Qumran-Schriftrolle für 400 000 Mark erworben

Auf der fieberhaften Suche nach weiteren Rollen wurden in 37 Höhlen Tonkrüge mit allen Schriften des Alten Testamentes — das Buch Esther ausgenommen — aus dem ersten bis zweiten vorchristlichen Jahrhundert gefunden.

Die theologischen Schriftgelehrten atmeten erst auf, als nach jahrelanger vergleichender Textforschung die Übereinstimmung mit den uns bekannten alttestamentlichen Schriftrollen festgestellt wurde.

Der angesehene israelische Archäologe Professor Yigal Yadin hat nach sechsjähriger Arbeit im Dezember 1973 erstmals Einzelheiten über die Texte von Qumran veröffentlicht. Während des Sechstagekrieges (1967) hatte er, eine in ihrem Wert unschätzbare Schriftrolle von Qumran von einem Antiquitätenhändler aus Bethlehem für umgerechnet 400 000,— DM erworben. In einem Vortrag an der hebräischen Universität in Jerusalem sagte Yadin, man habe sogar Schriftrollen gefunden, die Anweisungen für den Fall eines drohenden Angriffs enthalten. Beim ersten Anzeichen der Gefahr sollte zunächst ein Zehntel der Truppe, dann ein Fünftel, ein Drittel, die Hälfte, zwei Drittel und schließlich die gesamte Streitmacht mobilisiert werden. „Ich verrate kein militärisches Geheimnis", fuhr Yadin fort, „daß wir genau dem gleichen Muster folgten, als 1967 die ägyptische Armee in die Sinaiwüste vorrückte . . ."

Archäologie als jüdische Ersatzreligion

Die sieben Schriftrollen von Qumran sind wie die „Gebeine eines Heiligen" (Elon) im „Schrein des Buches", einem kuppelförmigen Nationalheiligtum auf dem Gelände des Israelischen Museums in Jerusalem, untergebracht.

Am nächsten Morgen stehe ich ehrfurchtsvoll neben andächtigen Juden im „Schrein des Buches". Ich fühle mich wie ein Pfarrer im Altarraum.

Auf einem erhöhten Sockel ist die sieben Meter lange Jesaja-Schriftrolle um einen symbolischen Griff — kreisrunder Glasbehälter — gewickelt. Im Flüsterton frage ich einen Museumswächter, ob die ausgestellten Handschriften auch echt seien. „Es sind Fotokopien", belehrt er mich ebenso leise.

Draußen informiere ich Zwi, der noch vor einer Stunde darauf bestand, im „Schrein des Buches" sei die echte Jesaja-Rolle ausgestellt. Zwi rührt das nicht. Wie hatte ich auch glauben können, die Originale . . .: „Wenn hier die Original-Handschriften gezeigt würden, hätten die arabischen Terroristen den Sockel längst in die Luft gesprengt."

Es wäre für die Juden in Israel ein nationales Unglück, wenn diese historischen Dokumente vernichtet würden. Stellvertretend vor allem für die junge Generation des Volkes Israel zitiere ich Professor Yadin, der offen zugibt, daß der Glaube an die Geschichte für die jungen Israelis ein Ersatz für den religiösen Glauben geworden sei: „In der Archäologie (Altertumsforschung) finden sie ihre Religion. Sie lernen, daß ihre Ahnen vor 3000 Jahren in diesem Land waren. Darum kämpfen und danach leben sie . . ."

Jüdische Sekte der Essener in Qumran

Kehren wir nach Qumran zurück. Unterhalb der legendären Höhlen im judäischen Felsgebirge entdecken wir auf der vorgelagerten Mergelterrasse ausgegrabene Ruinen: die älteste Klosteranlage der Welt. Heute wissen wir, daß hier die jüdische Sekte der Essener in der Zeit von 130 v. Chr. bis 68 n. Chr. als strenge Ordensgemeinde gelebt hat. Was für Menschen das waren, kann uns der Friedhof zeigen, in dem man über 1000 Gräber gefunden hat: er hat zwei Abteilungen: in der ersten sind nur männliche Skelette ohne Beigaben, in der zweiten finden sich Frauen und Kinder mit spärlichem Schmuck.

Anstelle des Opferkultes pflegten sie kultische Bäder und religiöse Mahlzeiten. Über tausend Becher, Teller und Schüsseln sind gefunden worden. Gebet, Armut und für die Mönche Ehelosigkeit waren ihre Ideale. Sie beschäftigten sich wie unsere mittelalterlichen Mönche vorwiegend mit dem Abschreiben alter Handschriften.

Wohl unter dem Einfluß der heranrückenden römischen Soldaten hatten sie ihre Manuskripte in den umliegenden zum Teil schwer zugänglichen Höhlen des Gebirges versteckt.

Erfolgserlebnis für Nichtschwimmer

Während die historisch interessierten Leviten in den mit Wasserleitungen und Zisternen ausgestatteten Klosterruinen lustwandeln, schauen ihre badehungrigen Brüder und Schwestern erwartungsvoll zum Toten Meer hinüber. Eine halbe Stunde später ist es soweit.

Nichtschwimmer fiebern ihrem ersten Erfolgserlebnis entgegen; denn das Wasser des Toten Meeres hat einen Salzgehalt von fast 30 Prozent. Man kann nicht untergehen, beim besten Willen nicht.

Wie ein kleiner Junge, der zum erstenmal stehen kann, freut sich ein 40jähriger Sauerländer: „Ich liege auf dem Wasser wie auf einer Couch, ohne mich zu bewegen. Unglaublich!" sprudelt es aus ihm heraus. Ebenfalls auf dem Rücken liegend, nicke ich verständnisvoll und denke: In Israel muß man halt an Wunder glauben.

Nach einer Überlieferung soll der römische Feldherr Titus im Jahre 70 n. Chr. während der Belagerung von Jerusalem einige Sklaven zum Tode verurteilt haben. In Ketten zusammengebunden, ließ er sie ins Tote Meer werfen, aber sie ertranken nicht. Von diesem „Wunder" ungeheuer beeindruckt, ließ Titus die Todeskandidaten begnadigen.

Zerstörung von Sodom und Gomorra

Haben die spurlos verschwundenen Städte Sodom (Heimat Lots) und Gomorra überhaupt existiert?

Der amerikanische Gelehrte Jack Finegan behauptet (1951): „Wahrscheinlich hat die katastrophenartige Zerstörung von Sodom und Gomorra um das Jahr 1900 v. Chr. stattgefunden (z. Z. Abrahams und Lots). Eine Vernichtung, hervorgerufen durch ein großes Erdbeben, begleitet von Explosionen, von Blitzen und allgemeiner Feuersbrunst."

„Da ließ der Herr Feuer und Schwefel über Sodom und Gomorra regnen und zerstörte die Städte und die ganze Umgebung ... Lots Frau aber sah doch zurück und—erstarrte zur Salzsäule..." (1. Mose 19,24).

Weiter argumentieren Wissenschaftler, daß mit dem Erdbeben eine große Flut verbunden gewesen sei, die das fruchtbare Tal Siddim (1. Mose 14, 3) mit den Städten Sodom und Gomorra unter sich begraben habe. Tatsächlich kann man heute noch unter dem Wasserspiegel an der Südküste des Toten Meeres Umrisse von Wäldern erkennen, die durch den hohen Salzgehalt über Jahrtausende erhalten geblieben sind.

76 km lang und 16 km breit ist das Meer des Todes. Ohne Leben: keine Fische und Pflanzen. Jetzt — am späten Nachmittag — breitet

sich ein durchsichtiger Schleier aus Wasserdampf über das spiegelglatte Meer. Jeden Tag verdunsten 6 Millionen Tonnen Wasser.

Als wir auf der Straße der Barmherzigkeit nach Jerusalem zurückkehren wollen, warten am Badestrand Krüppel und Lahme auf ihre Helfer. Gleich werden sie ins heilende Wasser getragen. Ob ihre Schmerzen gelindert werden?

14. Brennpunkt: „Westbank" – Von Ahab bis Arafat

Nach dem Yom-Kippur-Krieg fahren Juden nur ungern in das von Israel besetzte Westjordanland mit seinen nahezu einer Million arabischen Bewohnern. Sogar die israelische Regierung warnt offiziell vor Autofahrten in entlegene Gebiete der „Westbank", wie Juden das Westjordanland nennen. Gemeint sind die „biblischen" Provinzen Judäa und Samaria, Brennpunkte in der alten und neuen Geschichte Israels.

Als fronterfahrener Panzerfahrer bei der israelischen Armee ist unser Busfahrer Isaak Vorstöße in arabisches Feindesland gewöhnt. Und Zwi, unser Guide, hat den Tagesausflug von Jerusalem nach Nablus selbst vorgeschlagen. Die Lage hat sich ein Jahr nach dem Yom-Kippur-Krieg wesentlich verschärft.

Nachhilfeunterricht in Bibelkunde

Wir sind kaum fünf Kilometer unterwegs, da beginnt die Geschichte Israels. Zwi deutet auf einen Hügel, auf dem bei Ausgrabungen ein alter Turm zum Vorschein kam. Die Archäologen stießen dort auf fünf verschiedene Siedlungsschichten: Aus der Zeit der Richter, des Königs Saul, der nachexilischen Juden sowie aus der griechischen und römischen Periode.

Von der Spitze des Hügels sieht man im Osten das Jordantal, durch das sich der waldumsäumte Jordan schlängelt. Dahinter erheben sich die Berge von Gilead.

Kurz darauf fahren wir an dem kleinen arabischen Dorf Rama vorbei, dem Geburts- und Sterbeort des Propheten Samuel (1. Sam. 1, 19; 28, 3). In der Ebene westlich von Rama haben Josua die Amoriterkönige und David die Philister besiegt.

Hinter der heutigen arabischen Stadt Ramallah, dem angenommenen elterlichen Wohnort Samuels, führt eine Nebenstraße in nordöstlicher Richtung zum Dorf „Beit El". Auf dem benachbarten Berg soll Abraham seine Zelte aufgebaut und einen Altar errichtet haben (1. Mose 12, 18). Auf seiner Wanderung von Beersheba nach Haran übernachtete Jakob an jenem Ort und sah im Traum eine Himmelsleiter, auf der die Engel auf- und abstiegen (1. Mose 28, 11—19). Endlos sind die biblischen Geschichten um Beth El . . .

Mercedesfahrer unter arabischen Bauern

Das Ackerland in dieser Provinz „Samaria" ist Gold wert. Hügel und Täler sind bebaut: Weintrauben, Feigen, Gemüse, Getreibe und Olivenbäume bedecken das Westjordanland. Auf offener Landstraße stoppt Isaak seinen Bus, und wir beobachten arabische Bauern beim Ernten von Oliven. Aus 20 Kilo Kernen werden 7 Kilo Olivenöl gepreßt. Fleisch und Kerne werden ausgepreßt.

Seine fruchtbarsten Gebiete — Judäa und Samaria — hat König Hussein von Jordanien im Sechstagekrieg (1967) an Israel verloren. Seitdem seien die Ernteerträge der arabischen Bauern wesentlich höher, behaupten die Israelis. Tatsächlich haben die arabischen Grundbesitzer moderne Bewässerungsmethoden von den Israelis übernommen und profitieren von allen landwirtschaftlichen Reformen. Bis 1973 — also sechs Jahre lang — haben die Westjordanier dank einer israelischen Exportprämie von 30 Prozent den Markt in der jordanischen Hauptstadt Amman bestimmt. 120 Millionen israelische Pfund waren jährlich von Jordanien nach Israel geströmt, nur 24 Millionen in der anderen Richtung. Israelische Banken horteten bereits so viele jordanische Dinare, daß sie fast die Währung des Nachbarn kontrollieren konnten. Hussein blieb nichts anderes übrig, als den ungehinderten Warenstrom mit einem 15prozentigen Zoll zu belegen.

Nicht wenige Araber in Westjordanien sind stolze Mercedesfahrer geworden. Die Israelis haben in den besetzten Gebieten neue Schulen und Krankenhäuser gebaut. In den arabischen Flüchtlingslagern gibt es kaum Arbeitslosigkeit. Die Palästinenser sind zu begehrten Gastarbeitern im eigenen Land geworden. Jetzt, nach dem Yom-Kippur-Krieg, flammte die Feindschaft zwischen Juden und Arabern wieder auf.

Du bist Jude und ich bin eine Samaritanerin

Auf unserer Fahrt von Jerusalem nach Nablus (60 km), in der Bibel als Sichem bekannt, legen wir eine „schöpferische" Pause am Jakobsbrunnen bei Nablus zwischen den Bergen Ebal und Garizim ein.

Als König Sargon die Nordstämme Israels nach Assyrien verschleppte, verpflanzte er verschiedene Volksstämme aus Assyrien in das entvölkerte Land (2. Kön. 17, 24). Im Laufe der Zeit verschmolzen die Assyrer mit den zurückgebliebenen Israeliten zu einer Mischrasse, die man Samaritaner nannte.

Als die Juden später aus der babylonischen Gefangenschaft (Stamm

Juda) zurückkehrten, weigerten sie sich, die Samaritaner in die jüdische Nation aufzunehmen; sie verwehrten ihnen die Beteiligung am Bau des Tempels und der Stadtmauer von Jerusalem. Deshalb bauten die Samaritaner ihr eigenes Heiligtum auf dem „Garizim" bei Sichem.

Der Jakobsbrunnen in Sichem zieht christliche Pilger aus aller Welt an. Inmitten einer halbfertigen christlichen Kirche mit wuchtigen Mauern, aber ohne Dach, Fenster und Türen stehen zwei „Schilderhäuschen". Scharen von Besuchern marschieren in das linke Häuschen — der Platz reicht höchstens für drei Personen, und aus dem rechten kommen andere wieder heraus. Im Schilderhäuschen links führt eine steile Treppe zu dem legendären Jakobsbrunnen. Er ist 23 Meter tief und spendet immer noch quellfrisches Wasser. Wenn der Jakobsbrunnen aus seiner drei- oder viertausendjährigen Geschichte erzählen könnte, die Buchverleger und Fernsehreporter würden sich um ihn reißen.

„... Jesus war von dem langen Weg müde geworden und setzte sich an den Jakobsbrunnen. Es war gegen Mittag. Seine Jünger waren in die Stadt gegangen, um etwas zu essen zu kaufen. Da kam eine samaritanische Frau zum Wasserholen ..." (Johannes Kap. 4).

Verschleierte Frauen im Islam

Gegen Mittag fahren wir in die Stadt Nablus (Sichem). Unterwegs kommen uns zwei jüngere verschleierte Frauen entgegen. Auf ihren Köpfen balancieren sie angerostete Blechkanister. Bedauernswerte Gestalten. Mohammed befiehlt den Frauen in der 24. Sure des Korans: „... sie sollen ihre Blicke niederschlagen und von ihrem Körper nichts zeigen, als was üblicherweise zu sehen ist; sie sollen ihre Kopfschleier über die Brust ziehen."

Bis heute hält die oberste islamische Behörde in Kairo an dem von Mohammed verkündigtem Recht fest, daß ein Mann bis zu vier Frauen haben darf. Fast 25 000 Männer sind allein in Ägypten mit zwei bis vier Frauen verheiratet. Und ein Mann kann seine Frauen auch heute noch durch die lapidaren Worte „Ich verstoße dich" loswerden. Die so geschiedenen Frauen haben keinerlei juristische Einspruchsmöglichkeiten.

König Husseins Heirat als politischer Schachzug

Nur wenige Minuten dauert die Fahrt nach Nablus, einer Hochburg des Islams mit vielen Moscheen und Koranschulen. Im Sechstagekrieg hat diese größte arabische Stadt Westjordaniens den angreifenden Israelis heftigen Widerstand geleistet, und die Israelis stöbern bis heute manche Schlupfwinkel arabischer Terroristen auf. Als diese arabischen Kommandos im Jahre 1970 aus dem jordanischen Königreich mit Waffengewalt ein „Guerilla-Palästina" machen wollten, bereitete ihnen König Husseins Beduinen-Armee ein blutiges Ende. Obwohl die Bürger von Nablus ihrem einstigen König Hussein immer die Treue gehalten haben, kritisierten sie ihn deswegen scharf.

Inzwischen hat König Hussein die arabische Fernsehansagerin Alia, deren Eltern zu den einflußreichsten Familien von Nablus zählen, geheiratet. Man spricht von einem politischen Schachzug. Seine ersten beiden Frauen, die ägyptische Prinzessin Muna sowie die Engländerin Tony Gardiner, hat der sonst sympathische König nach islamischer Sitte verstoßen.

Schlachtopfer auf dem Garizim

In Nablus steigen wir nicht aus. Zwi fürchtet um unser Leben. Fast jede Woche gäbe es hier irgendwo Schießereien. Auf einer verkehrsreichen Straße beobachte ich zwei israelische Jeeps mit Soldaten, das Maschinengewehr im Anschlag. Nur schweren Herzens entschließt sich Zwi zu einem Abstecher auf den Garizim. Auf dem Gipfel des stattlichen Berges passieren wir eine militärische Wachstation. Gelangweilt schauen uns die in der Mittagssonne dösenden Israelis nach. Zwi ist zufrieden. Hier oben scheint alles ruhig zu sein.

In der Mitte des relativ breiten Plateaus erhebt sich ein Fels, auf dem der Brandopferaltar gestanden haben soll. Alljährlich feiern die Samaritaner — es leben nur noch 400 — das Passahfest auf dem Garizim. Vor dem „heiligen" Fels ziehen die Gläubigen ihre Schuhe aus, singen voller Inbrunst ihre Gebete und bringen ihrem Gott blutige Tieropfer dar.

„Ich mußte wegschauen, als die Lämmer geschlachtet wurden", höre ich im Geiste den jüdischen Religionsphilosophen Ben Chorin sagen, der mir in Jerusalem einen Augenzeugenbericht vom Passahfest auf dem Garizim gab. Wir sind die einzigen Besucher und genießen die Stille, aber auch die herrliche Aussicht. Im Norden liegt der Berg Ebal, weit dahinter der Hermon. Im Westen erkennt man sogar das Karmelgebirge und daneben Cäsarea am Ufer des Mittelmeeres.

„Alle seine Götzen will ich verwüsten"

Unser letztes Reiseziel durch Samarien ist die ehemalige Residenzstadt des biblischen Nordreiches: „Samaria", ungefähr 12 km von Nablus entfernt. Der israelische König Omri erbaute die Stadt etwa 800 vor Christi Geburt. Später residierte König Ahab hier, dessen Frau Isebel den Baalskult einführte. Die Königsstadt wurde zerstört und wieder aufgebaut. Kaiser Augustus schenkte sie dem jüdischen König Herodes; er befestigte sie, errichtete einen prächtigen Augustus-Tempel und nannte sie zu Ehren seines kaiserlichen Gönners „Sebaste". Heute heißt der arabische Ort neben dem stattlichen Trümmerfeld Sebastiya.

Ich schlendere durch die trostlose Ruinenstadt. Schon im voraus hat der Prophet Micha im Auftrage Gottes den augenblicklichen Zustand der zerstörten Stadt treffend beschrieben:

„Hört ihr Völker, so will ich denn Samaria zum Steinhaufen im Felde machen, will seine Steine zu Tal stürzen und seine Grundfesten bloßlegen. Seine Bilder sollen zerschlagen werden, und seine Götzen will ich verwüsten" (Micha 1).

Sie sind abgetreten von der politischen Bühne, Ahab, Isebel und Herodes. Vor einem Trümmerhaufen lese ich auf einem Schild „Römisches Theater" in arabischer, hebräischer und englischer Sprache. Am liebsten würde ich darunter schreiben: „Seit 2000 Jahren geschlossen."

Heiteres, aber hochpolitisches Spiel in Sebastiya

Hier in Sebastiya drohte im Sommer 1974 zum erstenmal in der 26jährigen Geschichte Israels die Gefahr eines Zusammenstoßes zwischen israelischen Streitkräften und 200 jüdischen Angehörigen der „National-Religiösen Partei-Jugend" sowie ihren 2000 Sympathisanten.

„Hier bleiben wir, hier werden wir eine Siedlung bauen", erklärten die aus Israel angereisten Juden, darunter mehrere jüdische Abgeordnete und Professoren; sie wollten ihren Anspruch auf das ganze alte Israel geltend machen.

Der israelische Verteidigungsminister mußte sich einschalten: „Wir haben an den Grenzen Hochspannung", argumentierte er. Aber alles gute Zureden der Regierung, die Zelte wieder abzubrechen, half nichts. Die jüdischen Fanatiker versprachen jedoch, keinen Widerstand gegen militärische Maßnahmen ergreifen zu wollen: „Unsere Soldaten sind heilig. Wir werden uns anketten oder tragen lassen." Und so geschah es auch. Unter dem persönlichen Kommando des Oberbefehlshabers Mordechai Gur haben dreihundert schmunzelnde Soldaten die jüdischen Männer, Frauen und Kinder in 37 Omnibusse und mehrere Lastwagen getragen und nach Jerusalem zurücktransportiert.

Die unrechtmäßige Aneignung Westjordaniens zeigt sich in dem privaten Grundstückskauf. Juden kaufen von Arabern Land im Westjordanland. Die Bodenpreise haben sich in einem Jahr verfünffacht. Und arabische Grundbesitzer, die reich werden wollen, vergessen beim Geschäft die Politik. Was wird aus den von Israel besetzten westjordanischen Gebieten?

Raketen vor Israels Haustür

Noch Mitte 1974 lehnten 64 Prozent der Israelis Gebietsverzichte besonders in den ehemals biblischen Provinzen „Judäa und Samaria" ab, d. h. in dem zukünftigen „Palästinenser-Staat Westjordanien".

Solange noch König Hussein seinen berechtigten Anspruch auf Westjordanien geltend machen konnte (vor der arab. Gipfelkonferenz in Rabat), hätte Israel vielleicht mit sich reden lassen.

Die jetzige politische Situation kommentierte Verteidigungsminister Peres wie folgt: „Ein eigener Palästinenser-Staat unter der Führung der prosowjetisch-orientierten Terror-Organisationen unter Arafat ist für Israel undenkbar. Es wäre eine sowjetische Militärbasis vor unserer Haustür. Wir können nicht mit sowjetischen Raketen 500 Meter vor unserem Parlament und 10 Kilometer von Tel Aviv entfernt leben."

Und Israels Premierminister Rabin meinte: „Dieser dritte Palästinser-Staat müßte naturgemäß weiterkämpfen, erstens gegen Israel und zweitens gegen Jordanien."

Joseph Abileah, der jüdische Generalsekretär der arabisch-jüdischen Gesellschaft für Nahost-Konföderation aus Haifa, plädiert für einen losen Zusammenschluß von Jordaniern, Israelis und Palästinensern unter einer Dachregierung. Dann höre die Angst voreinander endlich auf.

15. Am „Ramadan" in der heiligen Stadt

Nach Mekka gewandt, verrichtet ein arabischer Junge sein Abendgebet vor der Stadtmauer Ostjerusalems. Aufgescheucht durch das grelle Scheinwerferlicht unseres Busses, rollt er seinen Teppich zusammen und verschwindet hinter den Mauern der arabischen Altstadt.

Isaak hält direkt vor dem Stephanstor, dem einzigen Zugang zur Altstadt an der Ostseite gegenüber dem Ölberg und dem Garten Gethsemane. Unser Bus ist total verstaubt. Kein Wunder bei dem turbulenten Sandsturm in der Negev-Wüste. Alle „Leviten" steigen aus. Wir genießen die milde Abendluft und den ersten Nieselregen seit vier Monaten, ein freudiges Ereignis für die wasserhungrigen Jerusalemer.

Der abendliche Lichterglanz der orientalisch geprägten Stadt, die von einer vier Kilometer langen und teilweise 20 Meter hohen Mauer umgeben ist, regt meine Phantasie mächtig an. Szenen aus arabischen Märchen werden lebendig.

Jeder schaut auf seinen Weg in der Via Dolorosa

Gemächlich kommt ein freundlicher Araber mit Kopfschmuck, eingehüllt in ein langes weißes Gewand, durch das Stephanstor auf uns zugeschritten. Er soll uns durch die winkeligen Gassen in das christliche Nachtquartier „Ecce Homo" begleiten.

Über dem Stephanstor entdecke ich vier steinerne Löwen; sie erinnern an den nützlichen Traum des türkischen Sultans. Suliman der Prächtige träumte, Löwen würden ihn in Stücke reißen, wenn er es versäumen solite, die Mauern wieder aufzubauen. Und so baute er um 1550 auf den uralten Fundamenten aus der Zeit Jesu und sogar aus der salomonischen Blütezeit die noch heute bewunderungswürdigen Mauern.

Durch dieses Stephanstor drangen am 7. Juni 1967 israelische Fallschirmspringer in die Altstadt bei ihrer Eroberungsschlacht gegen die Jordanier.

Schwerbeladen, in jeder Hand einen Koffer, stolpere ich über das Kopfsteinpflaster halbdunkler Gassen hinter dem Jerusalemer her. Ich habe Vertrauen zu ihm. Ängstliche „Leviten" werfen scheue Blicke in die düsteren Schlupfwinkel des Viertels. Auf einem Straßenschild lese ich „Via Dolorosa". „Schmerzensstraße." Hier durch soll Jesus sein Kreuz nach Golgatha getragen haben. Vielleicht nur einige Schuttschichten tiefer. Heute abend schaut jeder auf seinen eigenen Weg. Jeder schleppt seine eigenen Lasten.

Alles soll zerstört werden

Endlich stehen wir vor unserer festungsartigen Herberge „Ecce Homo". Das verzierte Eisenportal, die vergitterten Fenster wirken beruhigend auf furchtsame Seelen; denn fast 50 000 Araber — meist Mohammedaner — hausen in diesem Labyrinth von engen Gassen und undurchsichtigen Hinterhöfen.

In der Jerusalemer Altstadt gibt es ein moslemisches, ein christliches, ein jüdisches und ein armenisches Viertel. Tagsüber gleicht das faszinierende Jerusalem einem religiösen Jahrmarkt.

Es riecht nach Hammelfleisch und orientalischen Gewürzen, nach türkischem Kaffee und Weihrauch. Durch die Basargassen drängen sich Touristen und Pilger aus aller Welt: Araber mit Kopftuch und wallenden Gewändern, orthodoxe Juden mit Ringellocken und Kaftan, Franziskanermönche, griechische und armenische Popen, schwarze Kopten-Priester aus Äthiopien und modern gekleidete Besucher aus Europa und Amerika.

Nach dem Abendessen bei den Zionsschwestern genieße ich auf dem Dachgarten des Hospizes die abendliche Stille. Die umliegenden Gassen sind menschenleer. Meine Gedanken wandern zurück in die Welt des Neuen Testamentes. Ich sehe im Geiste Jesus in Jerusalem, seine Jünger um sich versammelt, und höre ihn sagen: „Wahrlich ich sage euch: Hier wird kein Stein auf dem anderen bleiben, der nicht zerstört würde." Kurz vorher prophezeite Jesus dem frommen Volk:

„Jerusalem, Jerusalem, du tötest die Propheten und steinigst die Boten, die Gott zu dir schickt. Wie oft wollte ich deine Bewohner um mich scharen ... Aber ihr habt nicht gewollt. Dafür wird euer Haus leerstehen" (Matthäus 23).

Im Jahre 68 nach Christus marschierten 60 000 römische Soldaten in Palästina ein. Zwei Jahre später eroberte der römische Feldherr Titus die befestigte Stadt, zerstörte den Tempel und machte die Stadt dem Erdboden gleich.

Langsam verlöschen die Lichter von Jerusalem. Ich gehe schlafen.

Der Nachtwächter macht seine Runde

Meine Nächte in Jerusalem sind immer zu kurz. Lange, bevor die Hähne frühmorgens krähen, macht der islamische Nachtwächter im Fastenmonat

Ramadan seine Runde. Mit ohrenbetäubendem Lärm zieht er jeden Morgen an meinem Fenster vorbei, und jedesmal schrecke ich zusammen, und jedesmal frage ich mich: Wo bist du eigentlich gelandet!

Ausgerechnet während meines Jerusalemer Aufenthaltes fasten und feiern 500 Millionen Moslems in aller Welt. Von Sonnenaufgang bis Sonnenuntergang dürfen die frommen Moslems keine Nahrung zu sich nehmen, und sei es auch nur ein Glas Wasser oder eine Zigarette. „Fasten ist gut für euch", hatte der Prophet Mohammed vor knapp 1400 Jahren die Gläubigen gelehrt und sie aufgefordert, einen Monat lang am Tage nichts zu essen, „auf daß ihr gerecht werden möget."

Der Fastenmonat beginnt, sobald über dem Horizont die Schneide der Neumond-Sichel sichtbar wird. Darum müssen die Fastenden vor Sonnenaufgang ihren Schlaf unterbrechen, um noch ein Mahl zu sich zu nehmen.

In der letzten Nacht lege ich meine Kamera schußbereit neben mein Bett, um den nächtlichen Störenfried am nächsten Morgen auf die Mattscheibe zu bannen. Ausgerechnet an jenem letzten Morgen in Jerusalem überhöre ich ihn. „Kismet", würde der fromme Moslem sagen — Schicksal.

Ich tröste mich mit einem Ramadan-Schnappschuß, den ich in einem arabischen Basar unmittelbar nach Sonnenuntergang gemacht habe. Ich bummelte durch die Davidstraße und schaute mir in einem Laden siebenarmige Leuchter aus Messing, holzgeschnitzte Kamele und Postkarten an. Totenstille herrschte in dem arabischen Basar. Nur schmatzende Geräusche nahmen meine scharfen Ohren war. Sie kamen aus einer Ladenecke. Inmitten geschnitzter Engel und buntschillernder Schmuckkästen hockten drei Männer und zwei Burschen — einer saß auf dem Tisch — um eine riesengroße Schüssel mit Hammelfleisch. Als sie mich sahen, verzogen sich ihre fetttriefenden Münder zu einem verlegenen Lächeln. Ich mußte lange warten, bis einer eine Verschnaufpause einlegte und mich bediente. Hier habe ich mein Ramadan-Bild gemacht.

In den Nachtstunden des Ramadan verzehren die Moslems mehr als am Tage in normalen Monaten. Im Jahre 1963 rechnete z. B. Ägyptens Regierung dem Volk vor, daß der Ramadan das Versorgungsministerium 50 Millionen Mark an Extra-Importen kostet. Die ägyptischen Moslems aßen im Ramadan täglich 250 000 Brote mehr.

Teure Moslembräute

In den Basargassen von Jerusalem stehen fast an jeder Ecke Tische mit aufgestapelten Broten. Die Bäcker machen im Ramadan auch in Israel gute Geschäfte. Ein stattlich gekleideter Araber-Scheich verhandelt gerade mit einem Brothändler. Seine beiden herausgeputzten Frauen warten in gebührendem Abstand auf ihn. Sie müssen viel Geld gekostet haben; denn nicht jeder Araber kann sich schöne und junge Frauen „leisten". Die Preise für Moslembräute sind in den letzten Jahren rapide gestiegen. Im Jahre 1950 wäre eine „passable Braut" noch für umgerechnet 600 Mark zu haben gewesen. Im Jahre 1974 mußten die Freier für ein gleichwertiges Mädchen 40 000 Mark ausgeben. Für schöne Töchter unter 17 Jahren seien sogar bis zu 100 000 Mark bezahlt worden. Was Wunder, wenn in Europa studierende Araber sich ein deutsches oder englisches Mädchen anlachen.

Bei der Mentalität der heißblütigen Moslems ist der Brautkauf oft die einzige Chance für eine Frau, nicht allzu schlecht behandelt zu werden. Oft wird eine alternde Frau verstoßen, um einer jüngeren Platz zu machen. Wenn der Mann die Frau verstößt, gehört ihr das Geld.

Heilige Waschungen auf dem Tempelplatz

Eingehüllt in staubige schwarze Gewänder, bettelt eine greise Araberin vor dem Eingang zum Tempelplatz um Almosen. Mohammed meinte es gut mit ihr, als er die Gläubigen aufforderte, sich im Fastenmonat zu beschränken und das ersparte Geld an die Ärmeren zu verteilen.

Fromme Mohammedaner und neugierige Touristen drängen sich vor dem bewachten Tor zu den islamischen Heiligtümern, dem Felsendom und der El Aksa-Moschee. Nach Mekka und Medina ist Jerusalem die drittheiligste Stätte des Islams. Ein Ärgernis für religiöse Juden, weil die Mohammedaner ihren zerstörten Tempelplatz entweiht haben. Aufseher durchsuchen unser Handgepäck nach verdächtigen Sprengkörpern. Miniberockte Mädchen müssen ihre Beine einhüllen. Dann stehen wir auf dem Tempelplatz, der den fünften Teil der Fäche der Altstadt einnimmt und sich über den ganzen Berg Moria erstreckt. Mohammedaner sitzen auf Steinbänken vor einem Brunnen, von Suliman dem Prächtigen im 16. Jahrhundert erbaut, und nehmen heilige Waschungen vor. Wenn sie die Moschee betreten, wollen sie rein sein.

„Hört mir zu und faßt es", hat Jesus schon damals dem Volk gepredigt: „Nichts, was von außen in den Menschen hineinkommt macht ihn unrein ... von innen — aus dem Herzen — kommen die bösen Gedanken" (Matthäus 15).

Besuch in der Omar-Moschee

Der alles beherrschende Mittelpunkt auf dem „El Haram esch Scherif", wie die Mohammedaner ihr „ehrwürdiges Heiligtum" nennen, ist die achteckige Omar-Moschee mit ihrer goldenen Kuppel. Der Felsendom.

Als der Kalif Omar 637 — fünf Jahre nach Mohammeds Tod — Jerusalem erobert hatte, baute sein Nachfolger Abd el-Malik das bis heute prächtigste Denkmal der islamischen Welt auf dem zerstörten Tempelplatz.

Diese heilige Stätte hat eine lange Geschichte.

Hier baute Abraham einen Altar zur Opferung seines Sohnes Isaak. Aber Gott verbot das Menschenopfer, weil er die Menschen liebt. Ein revolutionäres Gesetz in den Augen damaliger Zeitgenossen.

Hier errichtete David einen Altar (2. Sam. 24, 25), und an dieser Stelle baute König Salomo den Tempel. Nach ihm Nehemia, nach ihm Herodes. Nach der Zerstörung des letzten jüdischen Heiligtums 70 nach Christus errichtete dort der römische Kaiser Hadrian einen Jupitertempel, der schließlich der Omar-Moschee weichen mußte.

Der islamische Wächter vor dem Eingang der Omar-Moschee scheint heute gut gelaunt zu sein. Wir dürfen die erhabene Stätte Allahs betreten; denn „Ungläubige" haben nur zu bestimmten Zeiten Zugang zu islamischen Heiligtümern.

Ich ziehe meine Schuhe aus und stelle sie ordentlich neben die andern Paare aus aller Welt. (Zum Glück habe ich kein Loch im Strumpf.) Marmorsäulen, Brokatvorhänge, holzgeschnitzte Nischen fallen auch dem nicht kunstverständigen Besucher sofort ins Auge.

Auf dem mit Marmormosaiken plattierten Boden liegen kostbare Teppiche. Überall an den Wänden sind Koranverse in arabischer Sprache verewigt; manche Sprüche sind Angriffe auf den christlichen Glauben, so auf die Dreieinigkeit Gottes. In der Mitte des Kuppelraumes steht ein geschwärzter Kalksteinfels, von einem zwei Meter hohen Eisengitter umgeben. Ein arabischer Fremdenführer erzählt, Abraham habe seinen Sohn an diesen Opferfelsen angebunden. Zum Beweis sollen im Stein sichtbare Rinnen dienen, durch welche das Blut der geopferten Tiere geflossen sei. Sicher ist, daß dieser Felsen Unterbau des Altars oder das Podium des Salomonischen Tempels war.

Brandstiftung in der El Aksa-Moschee

Auf dem Weg von der Omar-Moschee zur El Aksa-Moschee an der Süd-seite des Tempelplatzes gegenüber dem Ölberg verrichtet ein Moslem sein Mittagsgebet. Abwechselnd wirft er sich auf den Boden und erhebt sich wieder.

Sind das überhaupt noch Gebete? Der Mohammedaner kennt kein persönliches Zwiegespräch mit seinem Gott; seine Gebete erschöpfen sich in dem Hersagen bekannter Koranverse „Allah ist Gott, und Mo-hammed ist sein Prophet".

Aber die Gebetsrichtung muß stimmen. Ursprünglich hatte Mohammed die Juden in arabischen Gebieten für den Islam gewinnen wollen, indem er die Gläubigen aufforderte, sich beim Gebet Jerusalem zuzuwenden. Als diese Taktik bei den Juden nicht einschlug, ordnete er in einer Sure des Korans an: „Die Gebetsrichtung eurer Augen haben wir deshalb geändert (nach Mekka), damit man unterscheiden kann zwischen denen, die dem Propheten folgen, und denen, die ihm den Rücken kehren."

Unsere letzte Station auf dem plattierten Tempelplatz ist die El Aksa-Moschee, eine siebenschiffige Basilika, die aus der Justinianschen Marien-kirche hervorgewachsen ist, eine Schöpfung des Sohnes Abd el-Maliks.

Die letzten Spuren des Feuerbrandes im Jahre 1969 sind noch nicht ganz beseitigt. Vor einer provisorisch gemauerten Wand — dahinter erneuern Handwerker die teilweise zerstörte Moschee — knieen drei Moslim. Unmittelbar vor ihnen ticken drei altertümliche Standuhren mit großen Zifferblättern. Die Moslems beten nach der Uhr. Vielleicht beten sie auch für die Befreiung Jerusalems, für die Vertreibung der Juden aus ihrer Stadt.

Streit um Jerusalem

Der Streit um Jerusalem strebt seinem Höhepunkt zu. Israel und die islamischen Staaten lehnen eine Internationalisierung der Stadt ab. Je-der möchte in „seiner Stadt" allein regieren. König Feisal, der mächtige arabische Ölscheich von Saudi-Arabien, schürt das Feuer des heiligen Krieges gegen Israel, wenn er in Mekka vor Hunderttausenden von isla-mischen Pilgern ausruft:

„Die Juden haben keinerlei Bindung an Jerusalem. Sie haben kein Recht, in der heiligen Stadt zu bleiben. Die Juden sind von den Leh-ren Moses abgewichen und haben Jesus verurteilt und getötet. Wir müssen uns bemühen, alle heiligen Stätten in Jerusalem zu retten und die Spuren der Aggression zu tilgen, welche die Feinde Gottes ihr zugefügt haben" (Aufruf 1974).

Wann wird der jahrtausendlange Kampf um Jerusalem endlich aufhören?

16. Arabische Pfarrer und ihr Jerusalem

„Jerusalem ist für mich als Christ, Palästinenser und Araber ein Symbol meines Glaubens. In Jerusalem liegt Golgatha, die Grabeskirche und der Garten Gethsemane.

Als Palästinenser und Araber betrachte ich Jerusalem als Hauptstadt Palästinas. Der Felsendom (Omar-Moschee), die El Aksa-Moschee und der Suk mit der typisch orientalischen Farbe geben Jerusalem ein einzigartiges arabisches Gepräge. Mit freudigem Stolz darf ich Jerusalem meine Heimatstadt nennen.

Als ich im Jahre 1933 mit vierzehn Jahren die Kuppeln und Türme der hochgebauten Stadt zum erstenmal sah, entwickelte sich eine innige Beziehung zwischen der Stadt, ihrer Geschichte und mir. Heute erhält Jerusalem ein neues Gesicht. Die Stadt verliert allmählich ihr arabisches Fluidum, und das ist schade."

So sieht der in Bethlehem tätige arabische Pfarrer Nassar sein Jerusalem. Der jüdische Anspruch auf diese Stadt wird mit keiner Silbe erwähnt. Überaus schmerzlich empfinden christliche und islamische Araber die israelische Regierungsgewalt über Jerusalem.

David Haddad — 30 Jahre Pfarrer in Jerusalem

An einem Sonntagnachmittag besuche ich im Moslem-Viertel von Jerusalem den gesprächsfreudigen Araber David Haddad, seit 30 Jahren lutherischer in Deutschland ausgebildeter Pfarrer in Jerusalem.

In seinem gemütlich eingerichteten Wohnzimmer können wir beide es kaum erwarten, das heiße Eisen „Palästina" zu schmieden. Ich bin gespannt auf seine Antworten, und David Haddad hat das sehnliche Verlangen, sich seinen Ärger von der Seele zu reden. Wir sind nicht immer einer Meinung, aber ich schätze die Aufrichtigkeit und Zivilcourage des engagierten Araberpfarrers, der aus seinem Herzen keine Mördergrube macht.

Es folgt ein Ausschnitt unseres auf Tonband festgehaltenen Gespräches:

K.: Geht es den Arabern in Israel unter israelischer Herrschaft wirtschaftlich nicht wesentlich besser als früher?

Haddad: Der einfache Mann auf der Straße mag vielleicht zufrieden sein; er will nur sein Geld verdienen. Die arabische Mittelschicht empfindet die Israelis als Eindringlinge. Nur provisorisch leben sie mit den

Juden in Frieden. Aber die Intellektuellen sprechen von schreiendem Unrecht; sie wollen für ihre palästinensische Heimat kämpfen, die sie verloren haben. Und diese klugen Araber haben das führende Wort; sie bestimmen den politischen Kurs in Israel. Nein, wir werden uns niemals abfinden mit den bestehenden Verhältnissen.

Keine Vertrauensbasis

K.: Bei uns in Europa hat man wenig Verständnis für das übersteigerte Nationalbewußtsein der Araber, aber auch der Juden. Gerade junge Menschen fühlen sich eher als Europäer und weniger als Deutsche oder Engländer. Denken Sie etwa an die Europäische Wirtschaftsgemeinschaft.

Haddad: Deutschland hat eine lange Geschichte hinter sich. Aber die Araber und Juden sind in ihrem Denken noch nicht so weit. Einen gemeinsamen Markt zwischen Arabern und Juden würde es niemals geben; denn der Araber erkennt den durch Gewalt entstandenen Staat Israel nicht an.

Ich habe Sympathien für den Juden, der eine grausame Geschichte hinter sich hat. Aber den jüdischen Machtanspruch kann ich nicht gutheißen. Die Israelis sind arrogant und habgierig geworden durch ihre militärischen Erfolge. Außerdem wird der „westliche" Staat Israel als Fremdkörper im Nahen Osten angesehen. Wenn sich die europäischen und orientalischen Juden untereinander schon nicht verstehen, wie sollen wir Araber den Juden vertrauen.

Wem gehört „Palästina"?

K.: Sollten wir Christen nicht eine friedliche Lösung anstreben? Oder bejahen Sie die Politik mit Blutvergießen, die arabischen Terrororganisationen?

Haddad: Terror ist Terror, und ich lehne ihn strikt ab. Um aber gerecht zu bleiben, muß ich gleichzeitig fragen: Warum kommt es zu solchen Gewaltakten? Ist es nicht die Verzweiflungstat aus Israel vertriebener Araber (Palästinenser). Seit mehr als 25 Jahren sind sie verwahrlost und heimatlos.

K.: Auch die zerstreuten und verfolgten Juden argumentieren so: „Kein Land will uns haben. Palästina ist das einzige Land, auf das wir ein historisches Anrecht haben." Haben die Juden nicht das Recht zur Rückkehr?

Haddad: Gewiß, die Juden haben in diesem Land gelebt. Aber die Herrschaft des salomonischen Reiches hat höchsten 700 Jahre gedauert. Von der Zerstörung Jerusalems (587 vor Christus) bis zur heutigen Staatsgründung Israels (1948 nach Christus) geriet Palästina unter babylonische, griechische, römische, arabische, christliche, türkische und britische Herrschaft. Wie kann der Jude sagen: Das Land gehört mir? Die Mohamedaner haben dafür überhaupt kein Verständnis, weil sie die jüdische Geschichte nicht kennen. Ich kenne den Judenhaß und verstehe die Sehnsucht der Juden nach einem eigenen Land.

Hat Gott sein Volk verstoßen?

K.: Als Christ kennen Sie auch die biblischen Verheißungen für Israel. Danach sollen die Juden wieder in ihr Land zurückkehren und heilsgeschichtliche Bedeutung erlangen.

Haddad: Für mich ist das heutige Israel kein heilsgeschichtlicher, sondern nur ein politischer Staat, den ich als Christ anerkennen muß. Im übrigen haben sich die Verheißungen der Propheten teilweise erfüllt. Die nach Babylon verschleppten Juden sind seinerzeit vorübergehend nach Jerusalem zurückgekehrt. Und dann kam Christus. Mit ihm begann ein neues Israel, die christliche Gemeinde, in der sich die alttestamentlichen Verheißungen erfüllt haben.

(Kommentar des Verfassers: Es ist bezeichnend für arabische Christen in Israel und in andern nahöstlichen Staaten, daß sie nicht zuletzt aus politischen Gründen die heilsgeschichtliche Bedeutung Israels für die Zukunft vor der Wiederkunft Jesu ablehnen. Nationalbewußte Araber lassen mit sich nur schwerlich über das Paulus-Wort aus dem Römerbrief (Kap. 9—11) reden:

„Ich frage nun: Hat Gott sein Volk verstoßen? Das sei fern ... Gott hat sein Volk, daß er sich vorher erkor, nicht verstoßen.")

Christen müssen Brücken bauen

K.: Selbst wenn Sie — im Gegensatz zu mir — in dem heutigen Israel nur ein zufälliges politisches Gebilde ohne heilsgeschichtliche Bedeutung sehen, sollten Sie sich als Christ für eine friedliche Regelung einsetzen.

Haddad: Die Christen in Israel bilden eine Minderheit. Außerdem erkennen die meisten Mohammedaner uns arabische Christen nicht an.

K.: Es kommt nicht auf Mehrheiten oder Minderheiten an. Denken Sie an den Kampf zwischen David und Goliath.

Haddad: Gott hat bisher ein solches Wunder nicht getan. Ich heiße zwar David, aber bin kein Held. Aber ich kann mit den Gaben und Kräften arbeiten, die Gott mir gegeben hat. Ich versuche, solche Brücken zwischen Arabern und Juden zu bauen.

K.: Was kann man tun?

Haddad: Vor zwei Wochen habe ich in einer Synagoge Psalmen auf hebräisch mitgesungen und gebetet. Ich bin mit meinem Freund, einem jüdischen Ingenieur, mitgegangen. Unterwegs traf ich einen arabischen Bekannten; er fragte: Wohin gehst du? Und er kam mit in die jüdische Synagoge.

K. Haben Sie auch Kontakte zu Judenchristen?

Haddad: Ja, in Jaffa haben wir gemeinsame Gottesdienste in hebräischer, arabischer und englischer Sprache.

Ausblick

K.: Seit 30 Jahren sind Sie evangelischer Pfarrer in Jerusalem. Was hat sich in der Zwischenzeit alles verändert?

Haddad: Jerusalem war 19 Jahre lang eine geteilte Stadt (1949 bis 1967). Inzwischen sind die Mauern weg und die Tore geöffnet. Der Israeli kann nach Westjordanien fahren und der arabische Jerusalemer nach Israel. Aber gerade wir arabischen Christen sind unsicher geworden. Ich wohne hier unter Mohammedanern. Wenn ich mit Juden zusammen bin, werde ich von meinen islamischen Nachbarn scheel angesehen. Vertrete ich aber die Interessen der Araber, mache ich mich bei den Israelis verdächtig.

K.: Was erwarten Sie von der Zukunft?

Haddad: Alles hängt von dem Verhalten der Israelis ab. Sollten sie nicht bereit sein, die von ihnen besetzten arabischen Gebiete freizugeben — dazu gehört auch die Altstadt von Jerusalem —, dann wird es wieder Krieg geben.

17. Zwei Kirchenfürsten im Kreuzfeuer

„Oft genug hat sich die Kirche feige oder kleinmütig der Welt und ihren Herrschern angepaßt, ohne die Stimme Jesu hörbar zu machen", schallt es in der großen Erlöserkirche zu Jerusalem. Bis auf den letzten Platz ist die vom Preußenkönig Wilhelm II (1898) erbaute Kirche an jenem Sonntagmorgen besetzt — meist christliche Touristen.

Leidenschaftlich und überzeugend predigt der lutherische Propst Helmut Glatte. „Nachfolge Christi führt unweigerlich in den Kampf hinein, wenn es nicht frommes Gerede sein soll."

„Uns liebt keiner", sagen Araber in Jerusalem.

Später sitze ich dem in Israel einflußreichsten Repräsentanten der evangelischen Christenheit im leeren Kirchenschiff gegenüber. Wir unterhalten uns über die menschlichen Probleme in Israel. Der mutige Steuermann Glatte möchte den biblischen Kurs einhalten, ohne die ungelösten politischen Fragen auszuklammern. Kann man gegen die lebensbedrohenden Wellen des Hasses anschwimmen und dabei nicht untergehen?

Ein Gesprächsausschnitt soll die Problematik verdeutlichen:

K.: Welche politischen Klippen scheinen Ihnen am gefährlichsten zu sein?

Propst Glatte: Bei Ihnen in Europa ist der Nationalismus weitgehend überwunden. Noch mehr: Alles, was mit Volkstum und Sitte zusammenhängt, wird besonders von der jüngeren Generation in Grund und Boden gestampft.

Bei uns in Israel ist alles anders. Die in Israel lebenden Araber — sprich Palästinenser — haben noch niemals in einem eigenen Staat gelebt, und die in alle Länder zerstreuten Juden kennen erst seit 1948 eine eigene Nation.

Unsere Araber in Jerusalem sagen: wir sind letztlich staatenlos oder höchstens Bürger zweiter Klasse in Israel. Uns liebt keiner. Die Ägypter nicht, die Syrer nicht, auch nicht Jordanien, wozu wir früher gehört haben. In dieser Lage sind wir die bejammerswertesten Menschen der Welt.

K.: Wie kann die christliche Botschaft diesen Konflikt lösen?

Propst Glatte: Auch als Christ lebe ich in verschiedenen gesellschaftlichen und politischen Zusammenhängen. Aber ich lebe nie ganz unter der Herrschaft des Nationalismus oder eines andern Systems. Als Christ lebe ich unter der Herrschaft Christi. Unser christlicher Glaube bietet die einzigartige Chance, diesen Götzen „Nationalismus" zu entthronen, ohne die Hoffnung auf einen eigenen Staat zerstören zu müssen.

K.: Was tun die christlichen Kirchen in Jerusalem in dieser Richtung?

Propst Glatte: Hier haben die Christen bis zum vorigen Jahrhundert im Halbdämmer einer uralten christlichen Tradition gelebt; es waren größtenteils griechisch-orthodoxe Christen, deren Gottesdienst sich wesentlich in der Liturgie erschöpft. Viel mehr machte das Leben dieser Christen nicht aus. Eine Auseinandersetzung mit gesellschaftlichen Verhältnissen war tabu. Erst jetzt tritt bei den jungen Kirchen, aber auch bei Anglikanern, Protestanten und bei den Katholiken ein Wandel ein."

75 000 Christen leben in Israel

Auf die Gesamtbevölkerung Israels bezogen, gibt es nur 3 Prozent Christen. Und von den 75 000 meist arabischen Christen leben 30 000 in den von Israel besetzten Gebieten. Die Hauptrepräsentanten der 40 christlichen Denominationen haben ihren Amtssitz in Jerusalem: Der griechisch-orthodoxe Patriarch, der römisch-katholische Kardinal, der armenische Erzbischof sowie der lutherische Propst.

In Bezug auf die heiligen Stätten genießen die griechisch-orthodoxen und römisch-katholischen Christen die meisten Vorrechte in Israel. Die Protestanten halten es mit dem Wort eines führenden Katholiken in Israel: „Unsere heiligen Stätten sind nicht die Mauern und Steine von Jerusalem, sondern die Menschen, die hier leben." So unterhält der ev. „Jerusalemverein" christliche Real- und Oberschulen in Jerusalem, Beit Sahur, Bethlehem und Ramalah mit insgesamt 1120 Jungen und Mädchen meist aus arabischen Familien.

Daneben gibt es zahlreiche christliche Aktionsprogramme in Israel. „Aktion Sühnezeichen" hilft in sozialen Anstalten, Vertreter des Weltfriedensdienstes arbeiten unter Arabern in den besetzten Gebieten, österreichische christliche Frauen unterhalten ein SOS-Kinderdorf in Bethlehem, württembergische Christen pflegen KZ-geschädigte Juden in Shave Zion, die Marienschwestern aus Darmstadt laden erholungsbedürftige Juden in ihr Jerusalemer Haus „Beth Avraham" ein. Daneben gibt es eine Reihe anderer christlicher Werke der Nächstenliebe.

Friedensgebet in der Jerusalemer Erlöserkirche

Aber gemeinsame christliche Schritte haben in Israel Seltenheitswert. Darunter leidet Propst Glatte. „Es ist manchmal zum Heulen", seufzt er. Oft sitzt er zwischen zwei Stühlen. Bei seiner Amtseinführung weigerte sich z. B. ein arabischer Kirchenchor zu singen, weil ein jüdischer Vertreter vom Ministerium für religiöse Angelegenheiten eingeladen worden war.

„Als Terroristen auf dem israelischen Flughafen Lod das schreckliche Blutbad anrichteten", erzählt mir der Propst, hatte ich auf einen gemeinsamen Schritt aller Christen in Jerusalem gehofft. Aber meine Bemühungen schlugen restlos fehl. Jeder wollte seine eigene Verlautbarung herausgeben. Wann werden wir einzusehen beginnen, daß Juden und Mohammedaner in Jerusalem durch unser unchristliches Verhalten jeden Tag neu davon abgehalten werden zu glauben, daß Christus der Sohn Gottes ist?"

Es waren nur wenige Christen in Israel, die während des Yom Kippur-Krieges öffentliche Friedensgottesdienste abhielten. Zu ihnen gehörte Propst Glatte und sein arabischer Mitarbeiter, Pastor David Haddad, die in der lutherischen Erlöserkirche ein „Friedensgebet" veranstalteten und dabei Psalm 57 zugrunde legten:

„... Ich muß unter Löwen wohnen. Menschen sind um mich herum, die mich ins Feuer werfen wollen ... O Gott, erweise dich als Herr der Himmel, zeige deine Herrlichkeit aller Welt."

Kirchenfürst als Waffenschmuggler

Christliche Friedensbemühungen werden allerdings empfindlich gestört, wenn selbst Kirchenfürsten nicht Liebe und Vergebung, sondern Gewalt und Rache predigen.

Der griechisch-katholische Erzbischof von Jerusalem ging mit schlechtem Beispiel voran; er entpuppte sich als radikaler Nationalist und Waffenschmuggler für die arabische Terroristengruppe „El Fatah". Monsignore Capucci reiste mit seinem weißen Mercedes 280 (einen Volkswagen K 70 lehnte er mit dem Hinweis ab, der orthodoxe Patriarch fahre auch einen amerikanischen Straßenkreuzer) seit dem Oktoberkrieg allein 42 mal nach Jordanien und dem Libanon. An den Grenzübergängen wurden die Israelis allmählich mißtrauisch, weil der Bischof auch bei größter Sommerhitze nie den Wagen verließ. Zudem galt Capucci als Judenfeind, der jederzeit Resolutionen gegen die Israelis unterschrieb, nach dem Tod

Nassers eine Trauerdemonstration in Israel veranstaltete und sich als einziges Kirchenoberhaupt in Jerusalem weigerte, Gottesdienste in der religiösen Stunde des israelischen Rundfunks übertragen zu lassen. An der Berliner Mauer ließ er sich fotografieren und versprach, für die deutsche Wiedervereinigung zu beten. In Israel dagegen schürte er den Haß zwischen Juden und Arabern.

Als am 15. Mai 1974 — Henry Kissinger übernachtete im King David Hotel — drei Katjuscha-Raketenwerfer in Jerusalem gefunden wurden, die auf das King David Hotel gerichtet waren, und am folgenden Tag im Zentrum von Jerusalem gerade noch rechtzeitig eine Zeitbombe entschärft werden konnte, führten verdächtige Spuren zu dem Kirchenfürsten.

Am 8. August 1974 stoppten Sicherheitsbeamte den weißen Mercedes beim Grenzübergang. Bestimmte christliche Repräsentanten haben in Israel freie Fahrt in alle arabischen Staaten ohne Sicherheitskontrollen. Für Propst Glatte, aber auch für Cappucci gilt diese Sonderregelung.

In Capuccis Wagen fanden die Israelis vier Kalaschnikow-Sturmgewehre, Hunderte Schuß Munition, über ein Dutzend Handgranaten, Zeitzünder und etwa 100 kilo Sprengstoff.

Die Reaktion des Papstes, der die Meldung von der Verhaftung mit großem Schmerz aufgenommen habe, konterte die israelische Zeitung „Davar" mit der Bemerkung: „Die Tatsache, daß Erzbischof Capucci einen vom Heiligen Stuhl ausgestellten Diplomatenpaß hat, gibt ihm nicht das Recht, sich ungestraft als Terrorist zu betätigen."

Auf einer Karrikatur der Beiruter Zeitung „Al Muharrir" zerrt ein israelischer Soldat den Bischof Capucci hinter sich her. Der Soldat fragt seinen Kommandanten: „Was sollen wir mit dem Kerl tun?" Der Kommandant antwortet: „Wie üblich, kreuzigt ihn." So kann man keinen Frieden machen zwischen Juden und Arabern.

„Beten Sie für uns!"

Auch Propst Glatte fährt regelmäßig in die jordanische Hauptstadt Amman und andere arabische Ortschaften und besucht dort christliche Gemeinden. In einer arabischen Gemeinde hat man längst vom Kruzifix das Täfelchen mit der Aufschrift „Jesus, der Judenkönig" entfernt. So tief sitzt der Haß auf Juden sogar in manchen Christen.

„Beten Sie für uns", bittet mich der Propst beim Abschied. „Wenn wir doch kleine Schritte zur Herstellung des Friedens zwischen Juden und Arabern einleiten könnten. Gott kann uns dazu gebrauchen!"

18. „Kirchenkampf" in Jerusalem

Sie hausen in armseligen Hütten und leben von Almosen ihrer koptischen Kirche: abessinische Mönche in Jerusalem. Bejammernswerte Gestalten, die durch selbstgewählte Armut dem Vorbild Jesu nacheifern wollen. Auf einen knorrigen Stock gestützt, hat ein bärtiger Greis soeben seinen düsteren Unterschlupf für wenige Augenblicke verlassen. Vorsichtig wankt er über das holperige Pflaster eines Innenhofes, in dem die Mönchsklausen aneinandergereiht stehen. Behutsam versuche ich ihn anzusprechen, aber der ausgemergelte Kopte fühlt sich brüskiert. Mit feindseligen Blicken mustert er meine schußbereite Kamera. Enttäuscht über die mangelnde Gesprächsbereitschaft drücke ich ab, und seine Augen töten mich. Ich hätte ihn doch nicht fotografieren sollen.

Sonderbare Heilige

Da gibt es einen russisch-orthodoxen Eremiten, der seit vielen Jahren in der Felswand einer Schlucht lebt und einmal in der Woche durch die Wüste nach Jerusalem herüberwandert. Oder ich denke an jenen jungen Amerikaner, der mit Sack und Sandalen bekleidet in den überfüllten Basargassen unbeirrt den Namen „Messias" ausrief, bis er in einer Höhle am Ölberg tot aufgefunden wurde.

Ob Jesus solche Menschen vor Augen hatte, als er predigte: „Ihr seid das Salz der Erde! Ihr seid das Licht der Welt"? Wohl kaum.

Die meisten „Heiligen Stätten" der großen christlichen Konfessionen haben meines Erachtens nur noch Museumswert: Reliquien werden verehrt und Kunstwerke der Vergangenheit bestaunt. Und wer einige christliche Museumswächter in ihren mehr oder weniger farbenprächtigen Gewändern genauer studiert, wird an das Wachsfigurenkabinett bei Madame Tussaud in London erinnert: Sie haben Augen und sehen nicht, sie haben Ohren und hören nicht. Aber jeder von ihnen ist mächtig stolz auf seinen Posten im „gelobten Land".

Der Juwelier in der Davidstraße

Die Jünger kamen zu Jesus und fragten ihn: „Wer wird in der neuen Welt Gottes der Größte sein? Da rief er ein Kind herbei, stellte es in ihre Mitte und sagte: ... Wer so wenig aus sich macht wie dieses Kind, der wird in der neuen Welt Gottes der Größte sein" (Matthäus 18).

Auch in Jerusalem treffe ich Menschen, die nicht viel aus sich machen, sich aber um so mehr von Gott gebrauchen lassen. Asadour Kojoglanian und seine Frau besitzen in der Davidstraße ein renomiertes Juweliergeschäft. Der talentierte Juwelier zeigt mir ein Dankesschreiben von Jaqueline Kennedy für eine handgearbeitete Kette. Noch mehr beeindruckt mich die Bescheidenheit und das strahlende Wesen dieser beiden armenischen Christen; sie behalten ihren Reichtum nicht für sich, sondern verteilen ihn an die Armen.

„Wie sind Sie zum christlichen Glauben gekommen", frage ich den etwa 45jährigen Geschäftsmann.

„Ich habe zwar eine katholische Schule besucht", sagt er, „aber bis zu meinem 20. Lebensjahr habe ich so gut wie gar nichts von Jesus gewußt. Im Jahre 1948 lud mich der Nazarener Pastor Yamil zum Gottesdienst ein. Ich fing an, die Bibel zu lesen und stieß auf den 23. Psalm. ,Der Herr ist mein Hirt'. Da öffnete Gott mir die Augen für seine Liebe. Ich fing an zu verstehen, wer ich wirklich bin und was Jesus für mich getan hat. Seitdem lese ich jeden Tag die Bibel."

Auf meine Frage, wie er als Laienprediger in seiner evangelischen Freikirche (Baptisten) den Zuhörer für das Evangelium gewinnen könne, erwiderte er schlicht:

„Unser Alltagsleben und unser christliches Bekenntnis müssen übereinstimmen. Die Menschen achten mehr auf unser Leben als auf unsere Worte."

Katholische Zionsschwestern im „Hause des Pilatus"

Wie christliche Liebe ausgelebt wird, beweisen auch die gütigen Zionsschwestern in unserem Hospiz „Ecce Homo". In ihrer Herberge treffen sich regelmäßig Araber, die hebräisch, und Juden, die arabisch lernen. Juden und Araber sollen sich hier kennenlernen und miteinander ins Gespräch kommen.

Das Hospiz liegt an der „Via dolorosa" und ist auf den Grundmauern der römischen Burg „Antonia" erbaut worden. Hier hat der Landpfleger Pontius Pilatus vor 2000 Jahren mit Jesus gesprochen. Hoch über der „via dolorosa" zwischen dem Hospiz und dem gegenüberliegenden Haus wölbt sich ein Torbogen, von der christlichen Tradition „Ecce Homo"-Bogen genannt. In diesem von dem römischen Kaiser Hadrian im 2. Jahrhundert errichteten Torbogen waren Steine aus dem Hochpflaster eingebaut.

Eine kundige Zionsschwester — in Zivil — führt uns über eine enge

Steintreppe in ein Kellergewölbe, das auf drei mächtigen Säulen ruht. „Wir stehen auf dem uralten Steinpflaster", verkündet sie, auf dem Jesus vor Pilatus gestanden haben könnte." Und dann zeigt sie uns die Steinrillen: Pferde sollten nicht ausgleiten. Am interessantesten waren die eingeritzten Zeichen auf dem Hof des Richthauses der Burg Antonia. Die Wachmannschaft des Pilatus vertrieb ihre Langeweile mit dem sogenannten „Königsspiel", einem Brettspiel, das man auf das Pflaster übertragen hatte. Eine der wenigen echten alten Stätten in dieser Stadt, wo es mehr unechte als echte gibt. Hier trieben die Soldaten ihren Spott mit Jesus:

> „Die Soldaten des Gouverneurs (Pilatus) brachten Jesus in den Gouverneurspalast und riefen die ganze Mannschaft zusammen. Sie zogen ihn aus und hängten ihm einen roten Mantel um. Sie flochten eine Krone aus Dornenzweigen und drückten sie ihm auf den Kopf" (Matt. 27).

Jeden Freitag ziehen Franziskanermönche vom „Ecce Homo"-Bogen (Übersetzung: „Siehe, welch ein Mensch") durch die „Via dolorosa" (Leidensweg) über vierzehn Leidensstationen zur Grabeskirche. An den Karfreitags- und Osterprozessionen haben in den letzten Jahren jeweils 20 000 Pilger teilgenommen. Teilweise mit schweren Holzkreuzen belastet, zogen sie an allen vierzehn Leidensstationen Jesu vorbei. Ein religiöses Schauspiel.

Zur gleichen Zeit feiern die Juden ihr Passahfest; sie gedenken der Befreiung Israels aus der ägyptischen Sklaverei. Und sowjetische Juden feiern den Auszug aus Rußland, wo sie jahrzehntelang gewaltsam festgehalten wurden.

Auf den Spuren Gottfried von Bouillons

Viele Leidenswege führen nach Jerusalem. Selbstverschuldete Leiden, die in einem krassen Widerspruch zum Leiden Christi standen. Ich denke an die unheiligen Kreuzzüge des frühen Mittelalters. Papst Urban II rief im Jahre 1095 die christliche Ritterschaft zur Befreiung des Heiligen Grabes aus der Hand der Mohammedaner auf. Unter Gottfried von Bouillon zogen 200 000 begeisterte Christen nach Palästina. Nach vierzehntägiger Belagerung fiel am 15. Juli 1099 Jerusalem. Die fanatisierten Kreuzfahrer richteten eines der schaurigsten Blutbäder in Jerusalem an. Und Gottfried von Bouillon nannte sich „Beschützer des Heiligen Grabes". Die Kreuzritterherrschaft in Palästina dauerte bis 1291.

„Wir wollten — wie einst Gotfried von Bouillon — bis zum Eingang der Grabeskirche reiten", berichteten zwei junge Französinnen, die auf den Spuren der Kreuzfahrer hoch zu Roß von Paris bis Jerusalem gezogen waren (1974). Beim Einzug in Jerusalem wurden sie von einem Polizisten angehalten; er machte sie auf das Verkehrsschild „Verbot für Lasttiere" aufmerksam.

„Kann man da nicht eine Ausnahme machen", bat die 27jährige Evelyn. „Wir sind doch deswegen 6000 km weit hergekommen und sieben Monate lang auf dem Pferderücken durch zwölf Länder geritten."

Der Polizist nickte, und die reiselustigen Damen ritten über das alte Steinpflaster zur Grabeskirche. Hoffentlich waren sie von dem „Heiligen Grab" nicht bitter enttäuscht.

In der Grabeskirche

Wie auf einem Jahrmarkt geht es vor dem total verbauten christlichen Heiligtum zu. Fliegende Händler preisen schreiend ihren frommen Kitsch an. Einer drückt mir Postkarten in die Hand. Ich nehme sie dankend an. Wie ein routinierter Bankräuber pflanzt er sich vor mir auf, als ich weitergehen will. „Drei Pfund" schreit er mich auf englisch an. Ich gebe ihm die Karten zurück. Am liebsten hätte er mir einen Fußtritt verpaßt.

Eiserne Gerüste stützen die Mauern der alten Kreuzfahrerkirche, die auf den Fundamenten der im 4. Jahrhundert unter Kaiser Konstantin errichteten Basilika ruht. Zwei Kuppeln zieren die fünfschiffige Basilika. Unter der größeren schwarzen Kuppel liegt das Grab Jesu, unter der kleinen hellen Kuppel die Kreuzigungsstätte. Unzählige Male ist der wahre Irrgarten von kleinen Kirchenkapellen, Altären, dunklen Gängen und unterirdischen Räumen umgebaut und erneuert worden.

Von der Grabeskirche gehören den orthodoxen Griechen 65 Prozent aller Heiligtümer, den Rest teilen sich die römischen Katholiken und die armenischen Christen. Die abessinischen und koptischen Christen sind gerade noch geduldet. Sie dürfen aber nicht jeden Tag die Messe lesen. So bewacht jeder seine heiligen Bezirke. Wehe, wenn es zu Grenzüberschreitungen kommt. Oft genug zanken sich die Parteien, welche Kerzen angezündet und welche Fenster beim Reinigen geöffnet werden dürfen.

„Man müßte eine Tempelaustreibung machen"

Von der Gruppenführung durch die Grabeskirche habe ich mich abgesetzt. Eine Zeitlang stehe ich vor dem prunküberladenen Eingang zur Grabesstätte Jesu und studiere das Mienenspiel der neugierigen, wundersüchtigen oder frommen Pilger. Fast alle steigen erwartungsvoll in die Grabeshöhle, und viele kommen verärgert wieder heraus.

Ich bin von einem zwanzigjährigen Deutschen in Jerusalem gewarnt worden.

„Mit viel List und Tücke hat mich der Mönch in die Grabesmulde gelockt. Ehe ich mich überhaupt versah, hatte ich eine brennende Kerze in meiner rechten Hand. Zum Schluß besprengte er mich mit ‚holy water' (Weihwasser). Verdutzt schaute ich ihn an und fragte: Was soll das? Der Priester hielt mir einen Teller unter die Nase und fragte auf englisch: ‚Wollen Sie nichts spenden?'"

Im Vorraum zum marmorverkleideten rechteckigen Bau inmitten der Grabeskirche lese ich auf einem Stein: „Dies ist ein Bruchstück jenes Rollsteines, auf dem der Engel den Frauen verkündigt hat: Jesus ist nicht hier. Er ist auferstanden." Nein, hier ist er nicht. Ich bücke mich tief und stehe vor einer Felsbank mit wachsfarbener Marmorplatte. Hier soll der Leichnam Jesu gelegen haben. Historisch ist diese Stätte gut bezeugt: Als der römische Kaiser Hadrian im Jahre 135 die letzten christlichen Spuren in Jerusalem verwischen wollte, ließ er das von Christen verehrte Grab Jesu zuschütten und darüber einen Göttertempel errichten. Konstantin ließ den Marmortempel wieder abtragen und über dem freigeschaufelten Grab eine Basilika bauen (326).

Ich möchte wieder raus, aber der Grabwächter mit Silberteller versperrt mir den Weg. Ich zahle ein Pfund und bin frei.

Mit Gott macht man in Jerusalem, Nazareth und Bethlehem gute Geschäfte.

„Was wären wir ohne Jesus"

„Wenn Sie echte christliche Atmosphäre erleben wollen", wurde mir in Jerusalem immer wieder empfohlen, „dann müssen Sie zum ‚Gartengrab' gehen."

Als der britische General Gordon im Jahre 1883 nach Jerusalem kam, schien ihm ein Hügel vor der Stadt das wahre Golgatha zu sein. Gordon ließ den Hügel ausgraben, und alte Gräber kamen zum Vorschein. Trotz dieser erfolgreichen Aktion ist die Grabeskirche historisch besser belegt.

Jedenfalls veranschaulicht das „Gartengrab" in der arabischen Neustadt gegenüber der Stadtmauer, wie man sich ein Grab zur Zeit Jesu vorzustellen hat. In dem gepflegten Garten zeigt uns „Leviten" ein fröhlicher Holländer die angenommene Schädelstätte und die in Fels gehauene Grabeshöhle. Der ehemals im Libanon und Jordanien tätige Missionar versteht es, seine aufmerksamen Zuhörer die Kreuzigung Jesu nacherleben zu lassen.

„Sie nehmen Jesu und führen ihn aus der Stadt hinaus nach der sogenannten Schädelstätte, die auf hebräisch Golgatha heißt."

Überall im Garten haben sich kleine Gruppen von Christen gebildet; sie feiern gemeinsam das Abendmahl. Ich höre die Einsetzungsworte Jesu in englischer, französischer und deutscher Sprache.

Tränen der Freude kullern einem farbigen Amerikaner von seinen zerfurchten Wangen. Diese unbekümmerten Christen sprechen mir aus dem Herzen. Zwi gibt sich betont reserviert. Wie schwer fällt es doch einem Juden, an Jesus zu glauben.

Rubinsteins größtes Erlebnis

Als Golda Meir (ehemaliger israelischer Regierungschef) den berühmten Pianisten Rubinstein während einer Konzertreise durch Israel fragte:

„Was ist Ihr größtes Erlebnis in Ihrem langen Leben?", antwortete Rubinstein:

„Das größte Erlebnis in meinem Leben war, als Yashua ha-Mashia (der Herr Jesus) in mein Herz kam." Nachdem Golda Meir ihre Überraschung nicht verbergen konnte, ergänzte Rubinstein:

„Von damals an ist mein Leben anders geworden, und ich habe seither Freude und Frieden erfahren."

19. Bethlehem – zwischen Basilika, Basaren und Besatzung

Filmkameras surren und Fotoblitze zucken. Wenigstens auf Zelluloid möchte man die heiligen Stätten der Weihnachtsgeschichte bannen. Und wundersüchtige Pilger hoffen insgeheim auf himmlische Visionen. Vorsicht! Religiöser Rummel steckt an. Ich muß aufpassen.

Aufsehenerregende Sternkonstellation

Nur 20 Minuten fährt unser Bus von Jerusalem nach Bethlehem. Unterwegs rast ein vollbesetztes Taxi an uns vorbei. „Zeit ist Geld", kalkuliert der jüdische Mercedesfahrer. Der glitzernde Stern auf der Motorhaube entweicht in Richtung Bethlehem.

„Du Bethlehem im jüdischen Land bist keineswegs die kleinste unter den Städten Judas; denn aus dir soll der Herrscher kommen, der mein Volk Israel weiden wird" (Micha 5, 1).

Auf dieses Prophetenwort haben vor 2000 Jahren jüdische Theologen den herrschsüchtigen König Herodes aufmerksam gemacht, als sternkundige Leute aus dem Osten sich in Jerusalem nach dem neugeborenen König erkundigen. Wahrscheinlich haben die weitgereisten Astronomen ihre Informationen aus dem inzwischen ausgegrabenen Sternkalender zu Sippar bezogen, der folgende aufsehenerregende Sternkonstellation für das Geburtsjahr Jesu vorausberechnet hat — ein Ereignis, das alle 794 Jahre stattfindet und von Keppler zum erstenmal beobachtet worden ist: Im Zeichen der Fische rücken die Planeten Jupiter und Saturn so dicht zusammen, daß daraus am Himmel eine ungewöhnliche Lichterscheinung entsteht. Die heidnischen Zeitgenossen Jesu haben Jupiter als Stern des höchsten Gottes verehrt. Das Sternbild der Fische ist das Zeichen der Endzeit und der Planet Saturn der Stern Palästinas gewesen.

Daraus zogen die Religionswissenschaftler von damals den Schluß: Wenn Jupiter dem Saturn im Zeichen der Fische begegnet, wird in Palästina der Herrscher der Endzeit geboren. Und darum haben die „Weisen aus dem Morgenland" die beschwerliche Reise nicht gescheut.

„Als sie den Stern sahen, wurden sie von einer tiefen Freude erfüllt, gingen in die Herberge, fanden das Kindlein mit Maria, seiner Mutter, fielen nieder und huldigten ihm. Sie öffneten dann ihre Schatzbehälter und schenkten ihm Gold, Weihrauch und Myrrhe . . ." (Matth. 2, 9 ff).

Weihrauch erfüllt das wuchtige Kirchenschiff

Heute erhebt sich über jener höhlenartigen Wohnstätte die festungsartige Geburtsbasilika, von Kaiser Konstantin im Jahre 326 erbaut. Drei große Portale sind zugemauert, um eine Verwüstung der Kirche durch berittene Krieger zu verhindern. Ein schaulustiger bärtiger Mönch amüsiert sich über die ulkigen Verrenkungen wohlbeleibter Damen, die sich mühsam durch die winzige Pforte in die älteste Kirche der Welt zwängen. Weihrauchduft erfüllt die heiligen Hallen. Während ich das wuchtige Kirchenschiff mit seinen 24 Säulen aus rötlichem Kalkstein studiere, trifft mich der starre Blick eines uniformierten Säulenheiligen. Der griechisch-orthodoxe Mönch erinnert mich an Judas Ischarioth; er lächelt nur, wenn Geldscheine auf seinem Silberteller landen.

Die Plastikpuppe in der Krippe

Unter dem Altarraum liegt die Geburtsgrotte — eine Treppe tiefer. Ich lese die lateinische Inschrift: „Hier wurde Jesus Christus von der Jungfrau Maria geboren." — Damals eine primitive Herberge, heute ein prunküberladenes Heiligtum. Kritisch mustert ein etwa 60jähriger Schwarzafrikaner die angestrahlte weiße Madonna.

15 Lampen brennen Tag und Nacht. 6 Lampen gehören den griechisch-orthodoxen Christen, die das Kirchenregiment führen. 5 Lampen besitzen die armenischen Christen und 4 die Katholiken. Jeder hütet seine Lampen wie seinen Augapfel.

Noch tiefer gelegen ist die Krippe, ein in Fels gehauener Futtertrog, in dem eine Puppe aus Plastik liegt.

Am liebsten hätte ich ein kleines Mädchen neben mir gebeten, die Puppe mit nach Hause zu nehmen.

„Und sie gebar ihren ersten Sohn und wickelte ihn in Windeln und legte ihn in die Krippe, denn sie hatten sonst keinen Raum in der Herberge" (Lukas 2, 7).

Ich wünschte, Angelus Silesius würde es von der Kanzel der Geburtsbasilika rufen: „Wär' Christus tausendmal in Bethlehem geboren und nicht in dir, du wärest ewiglich verloren."

Einerseits beeindruckt mich der Wahrheitsgehalt der neutestamentlichen Zeugen hinsichtlich der historischen Stätten. Andererseits widert mich das religiöse Spektakel an. Der Glaube wird hier in Aberglaube verwandelt.

Alle Jahre wieder kommen 30 000 Pilger

Auf den fruchtbaren Hirtenfeldern zu Bethlehem, wo die Außenseiter
der damaligen Gesellschaft die frohe Botschaft vernommen haben

„Euch ist heute der Heiland geboren",

werden heute am Heiligen Abend Lämmer am Spieß gebraten und kleine
Fleischstücke an die Pilger verteilt. Es gibt ein griechisch-orthodoxes,
ein katholisches und ein evangelisches (CVJM) Hirtenfeld. Kommentar
überflüssig.

Alle Jahre wieder strömen mehr als 30 000 Christen aus aller Welt
zum Weihnachtsfest nach Bethlehem. Alle Jahre wieder eröffnet der
katholische Patriarch von Jerusalem den Heiligen Abend mit einer
feierlichen Prozession von Jerusalem nach Bethlehem. In der Geburtskirche zelebriert er für geladene Gäste die Mitternachtsmesse. Die übrigen
— Christen, Juden und Mohammedaner — erleben die Zeremonie auf
einer riesigen Kinoleinwand vor der Geburtskirche mit.

An allen Ecken stehen christliche Chöre und singen in englisch, franzö-
sich und deutsch bekannte Weihnachtslieder: „Stille Nacht, heilige
Nacht". Schwerbewaffnet patrouillieren israelische Soldaten durch die
bevölkerten Basargassen. Fliegende Händler bieten Postkarten, Rosen-
kränze und Kaugummi an. Überall riecht es nach Weihrauch und Wiener-
Mandeln. Die verträumte Stadt in der judäischen Bergwüste feiert Weih-
nachten.

„Rote Sterne senden uns Licht"

Am Ortsausgang entdecke ich vor dem Rahelgrab israelische Wach-
soldaten, die seit dem Sechstagekrieg die jordanische Stadt Bethlehem
besetzt halten.

Famir Mohammed, ein junger Lehrer aus Bethlehem, erzählt: „Als die
Israelis im Juni 1967 Bethlehem eroberten, dröhnte es aus Lautsprecher-
wagen durch die Stadt: Innerhalb von drei Stunden wird Bethlehem dem
Erdboden gleichgemacht. Tausende sind rausgelaufen und haben auf den
Hirtenfeldern kampiert."

Und eine junge Christin ergänzt: „Aber die Israelis haben uns nichts
getan. Sie wollten uns nur erschrecken. Viele Araber sind aus Angst nach
Amman geflüchtet."

Der arabische Nationalstolz ist tief gekränkt. Seit dem Oktoberkrieg
1973 tragen die Araber in den von Israel besetzten Gebieten den Kopf
wieder höher; sie vertrauen dem Sowjetstern, dessen Botschaft ich in

einem Gedicht aus der DDR finde: „Zweitausend Jahre alt ist die Legende vom funkelnden Stern. Zweitausend Jahre glaubten und beteten die Menschen um ewigen Frieden. Nach 2000 Jahren senden uns rote Sterne Botschaft und Licht. Wir beten sie nicht an, doch wir glauben an ihre Kraft." — An die Kraft der Gewalt. An die Kraft der SAM-Raketen mit Atomsprengköpfen, die Vernichtung und Unheil anrichten.

Es wird immer kälter im Nahen Osten. „Wenn der Wind aus Rußland kommt, schneit es bei uns in Bethlehem manchmal im Januar, sonst nicht", informiert mich eine Bethlehemitin.

Auf der andern Seite setzen zahlreiche Juden ihre Hoffnung auf das amerikanische Sternenbanner. Auf Waffenlieferungen, M-60-Panzer und Phantomjäger.

Auf großen Transparenten lese ich „Welcome in Bethlehem" — „Willkommen in Bethlehem". Ich würde darunterschreiben: „Wär' Christus tausendmal in Bethlehem geboren und nicht in dir, du wärest ewiglich verloren."

20. Besuch bei dem jüdischen Gelehrten Schalom Ben-Chorin

„Wissen Sie, wo Schalom Ben-Chorin wohnt", erkundige ich mich lautstark bei einer Jüdin, die in einer menschenleeren Straße nach Sabbatausgang gerade die Balkontüre zu ihrer Etagenwohnung schließen möchte. Sie bedauert, und zwei andere Passanten ebenfalls. Immerhin wohnt der in München 1913 geborene Religionsphilosoph und Journalist schon seit 1936 im Jerusalemer Stadtviertel Romema. Schließlich frage ich zwei Jungen. „Natürlich kennen wir Ben-Chorin", versichern sie mir. Im Eilschritt ziehen wir — außer mir noch zwei andere Leviten — hinter unseren Lotsen her, die im Parterre eines schlichten einstöckigen Sandsteingebäudes Sturm läuten. Schalom Ben-Chorin erscheint an der Haustür und lächelt den Jungen wohlwollend zu; sie verschwinden erst wieder, als der freundliche Herr die bunte Bonbondose holt.

Ein Jüdisches Original

Wer Ben-Chorins Lebensgeschichte kennt, weiß, daß er in den dreißiger Jahren für eine Zeitung arbeitete, die im Hinterzimmer eines Schokoladengeschäftes an der Jaffastraße in Jerusalem ihre Geschäftsstelle eingerichtet hatte. Später nannte er diese gern „Dolce Vita", das süße Leben. Wer weiß, wie oft der „liebenswürdige Onkel" noch immer täglich Süßwarenhändler spielen muß. Jedenfalls machen die „Lotsen" einen erfahrenen Eindruck.

Zu seinen Freunden zählten Schriftsteller wie Thomas Mann, Martin Buber, Arnold und Stefan Zweig. Seine politischen Gesprächspartner: Graf Folke Bernadotte, David Ben Gurion, Golda Meir.

In Anerkennung seiner Verdienste um die deutsch-israelischen Beziehungen und die christlich-jüdische Zusammenarbeit wurde Ben-Chorin das deutsche Bundesverdienstkreuz verliehen.

Wie soll ich diese originelle jüdische Persönlichkeit charakterisieren? Er ähnelt dem verstorbenen Pfarrer Wilhelm Busch aus Essen, jenem volkstümlichen Schriftsteller und Theologen mit seinen lustigen Augen und seinem sprühenden Geist. Und dann fällt mir noch der andere Wilhelm Busch ein, der Volksdichter und Humorist, dessen Bildgeschichten zur Sartire wurden, wenn es galt, Scheinmoral und falsche Frömmigkeit zu entlarven.

Lobeshymne auf Schalom Ben-Chorin

Tags zuvor begegnete ich ihm erstmals in der lutherischen Erlöserkirche, wo er vor Gästen aus Deutschland über die „Bibel in Israel" sprach. Kaum haben wir in seinem mit Büchern „tapezierten" Arbeitszimmer Platz genommen, bemerkt er nicht ohne Stolz: „Als Jude habe ich heute zum erstenmal von der Kanzel einer lutherischen Kirche in Jerusalem gesprochen."

Der Schlußsatz seines Vortrags hatte gelautet: „Jenseits aller Parteien und Gruppierungen ist es für Israel von vitaler Bedeutung, die Einheit von Volk, Land und Buch zu bewahren. Diese Einheit darf uns nicht isolieren, sondern verbindet uns mit Millionen Christen auf der Welt, für welche die Bibel zentral geblieben ist."

Der mitgereiste deutsche Theologe Professor Dr. Beyerhaus fand anschließend freundliche Worte für Ben-Chorin:

„Sie waren einer der ersten und wichtigsten Gesprächspartner für unser Volk und für unsere Kirche aus dem israelischen Volk ... Lassen Sie mich schließen mit dem Wunsch, daß wir in der gemeinsamen Rückkehr zur Bibel und im Ringen um die wirkliche Bedeutung dieses Wortes einander finden und zum Schluß umarmen."

„Der Glaube an Jesus trennt uns"

Das christliche Lob tat dem jüdischen Schriftsteller offensichtlich gut. Natürlich war es kein ungetrübtes „happy end". Ich höre Ben-Chorin leise sagen, was er in einem andern Vortrag laut ausgesprochen hat: „Seid nüchtern! Wir müssen die Demarkationslinien feststellen, die uns in dem jüdisch-christlichen Gespräch gezogen sind: Der Glaube Jesu (wie Jesus geglaubt hat) einigt uns, der Glaube *an* Jesus trennt uns."

Auch Beyerhaus unterschlug diese Gedanken nicht. Ohne Anzeichen einer geistlichen Arroganz zitierte der christliche Theologieprofessor den Apostel Paulus aus dem 2. Korintherbrief:

„Aber Gott hat die Juden auch noch mit Blindheit geschlagen. Wenn sie das Alte Testament lesen, liegt für sie bis heute eine Decke über seinen Worten. Nur für den, der zu Christus gehört, wird sie weggenommen. Wenn er sich dem Herrn zuwendet, wird die Decke entfernt" (2. Korinther 3, 14 ff).

Schalom Ben-Chorin blieb gelassen. Wie oft mag er diese Worte studiert haben. „Paulus, der Völkerapostel in jüdischer Sicht" heißt der

Titel seines 239 Seiten umfassenden Werkes über die Theologie des Paulus.

„Jesus ist unser Bruder und nicht Messias"

Er zitiert den deutsch-jüdischen Religionsphilosophen Hans Joachim Schoeps: „Die Synagoge (Juden) erwartet die Ankunft des Gesalbten (Messias). Die Kirche (Christen) erwartet die Wiederkunft ihres Herrn. Kein Jude weiß, wie der Messias aussehen wird. Kein Christ weiß, wie Jesus von Nazareth ausgesehen hat. Vielleicht tragen sie dasselbe Antlitz."

Für Ben-Chorin ist Jesus der Revolutionär des Herzens, der das Gesetz nicht aufheben, sondern zeigen wollte, wie Gesetz und Liebe im Glauben vereint werden können. In seinem Buch „Bruder Jesus" hat er sich über den vorbildlichen „Menschen" Jesus Gedanken gemacht. Ich greife seine Worte auf und frage ihn:

„Glauben Sie, daß Jesus stellvertretend für uns das Gesetz Gottes vollkommen erfüllt hat?" Seine Antwort ist eindeutig und diplomatisch zugleich:

„Ohne Frage wollte er das Gesetz neu erfüllen. Aber kein Mensch kann stellvertretend für den andern das Gesetz Gottes erfüllen. Das Vertrauen auf Gottes Barmherzigkeit ist Juden und Christen gemeinsam. Aber das stellvertretende Leiden und Sterben Jesu ist für einen Juden nicht denkbar."

Gebete haben Tieropferkult abgelöst

„Wenn Jesus für Sie nicht das Opferlamm ist, das die Sünde der Welt auf sich genommen hat, dürfte der alttestamentliche Tieropferkult nicht abgeschafft werden", gebe ich Ben-Chorin zu bedenken.

„Wir sehen im Opferkult des Alten Bundes eine überwundene und abgeschlossene Stufe des religiösen Kultes", argumentiert der jüdische Theologe. „Das gesamte Judentum ist sich darüber einig, daß nach der Zerstörung des Tempels in Jerusalem (70 n. Chr. durch den röm. Feldherr Titus) der Opferkult aufgehört hat. Die Synode von Jamnia (heute Javne), einem jüdischen Zentrum im 2. Jahrhundert n. Chr. in Palästina, hat den Kanon des Alten Testamentes festgelegt und gleichzeitig beschlossen, daß anstelle des Opferkultes die Gebete zu treten haben. Die orthodoxen Juden lassen die Unterbrechung des Opferkultes nur bis zur ersehnten Wiedererrichtung des dritten Tempels in messianischer Zeit gelten. Schon heute studieren junge Juden mit den Namen Kahn oder Cohen (Nachkommen von Aaron, dem Bruder des Mose = Priesterkaste) auf dem Berg Zion die Vorschriften über den Opferkult, um einsatzbereit zu sein, wenn der Messias kommt. Wo heute der Felsendom steht, soll dann wieder der jüdische Tempel errichtet werden. Wir Reformjuden hingegen glauben, daß ein Tempel in messianischer Zeit nur im Sinne des Propheten Jesaja gedacht werden kann: ‚Denn mein Haus soll ein Bethaus sein für alle Völker'" (Jes. 56, 7).

Blutiges Passahfest auf dem Garizim

„Die Wiedereinführung eines sakramentalen Opferkultes scheint mir eine Zeitverwechslung zu sein. Für den antiken Menschen war der Opferkult Ausdruck seines religiösen Gefühls.

Zweimal habe ich an dem Passahopferfest auf dem Berg Garizim über Sichem (Nablus) teilgenommen. Ich kam mir nicht wie ein europäischer Tourist vor, der in Afrika einen Kult der Primitiven miterlebt. Nein, auf dem Garizim habe ich echtes Engagement gespürt. Es geht mich an. Aber das kann nicht mehr Ausdruck meines persönlichen religiösen Gefühls sein. Ehrlich gesagt, mußte ich wegschauen, als die Lämmer geschlachtet wurden. Ich wurde in die Zeit meiner Urväter versetzt. Aber ich kann nicht mehr zurück. Ich halte es für eine fromme Lüge, wenn europäische oder amerikanische Juden nach dem orthodoxen Gebetbuch um die Wiedereinführung des blutigen Opfers beten. — Nebenbei bemerkt — waren auch die heidnischen Tempel der Griechen — genau genommen — Schlachthäuser."

Wehe, wenn er schießt!

Mit Recht gilt Schalom Ben-Chorin als Vorkämpfer der religiösen Erneuerung des Judentums, wiewohl er bei den orthodoxen Juden leider wenig Gehör findet. In diesem Zusammenhang fällt mir eine Begebenheit aus dem ersten arabisch-israelischen Krieg (1948) ein, die Ben-Chorin in seinem Buch „Ich lebe in Jerusalem" (1972) wiedergibt: „In meiner Eigenschaft als schlichter Soldat hatte ich den strategisch wichtigen Wasserturm von Romema zu bewachen, wobei mir ein italienisches Gewehr von ungewöhnlichen Ausmaßen und ehrwürdigem Alter in die Hand gegeben wurde. Der Kamerad, der mit mir Wache schob, meinte in schöner Offenheit: ‚Vor keinem Araber fürchte ich mich so wie vor

Ihnen.' Auf meine verwunderte Gegenfrage erwiderte er: ,Wenn Sie schießen, kann man nicht wissen, wohin es trifft.'"

Ben-Chorin schießt auf Freund und Feind — mit Platzpatronen. Er möchte niemanden verletzen. Zum Nachdenken möchte der heilsame Unruhestifter anregen, mehr nicht.

„Wir sagen Westmauer, nicht Klagemauer"

Wie aus der Pistole geschossen, unterbricht er mich, als ich ihn nach der Klagemauer frage. Gerade hat er mir ein Gläschen Karmelwein angeboten, da sagt er: „Ich möchte Sie bitten, sich möglichst das Wort ,Klagemauer' abzugewöhnen. Wir Juden sagen Westmauer. (Es handelt sich um die westliche Stützmauer des zerstörten Tempels.) Vermutlich haben Sie heute abend bei Sabbatausgang an der Mauer keinen klagenden Menschen gesehen."

Ich muß erst tief durchatmen und erwidere kleinlaut:

„Ich habe klagende Juden beobachtet."

„Zur Mauer des Gebetes gehen natürlich viele Juden, die ein betrübtes Herz haben und ihre privaten Gebete vor Gott ausbreiten", lenkt mein Gesprächspartner ein. „Klagelieder aus dem Propheten Jeremia werden an der Mauer nur am neunten Av (Jüdischer Kalender — Monat August) gelesen, wenn an die Zerstörung des ersten (587 vor Chr.) und zweiten Tempels (70 n. Chr.) erinnert wird.

Immer häufiger wird die Bar Mizwa-Feier an der Mauer freudig begangen." (Mit dreizehn Jahren wird der beschnittene Junge ein „Bar Mizwa", d. h. ein Sohn der Pflicht. Am Sabbat nach seinem Geburtstag wird er zum erstenmal in der Synagoge aufgerufen, aus der Tora vorzulesen. Der Rabbiner belehrt ihn über seine Pflichten. Nun ist er im Sinne des Religionsgesetzes volljährig und für die Gemeinde mitverantwortlich. Ähnlich wie die Konfirmation ist dieser Tag ein großes Familienfest.) „Und am Tage der Gesetzesfreude nach dem Laubhüttenfest werden Freudentänze mit der Torarolle an der Westmauer aufgeführt."

Erste jüdische Reformgemeinde in Israel

Ein neues Stichwort — „Gesetzesfreude!" Kann man sich wirklich über die unübersehbare Fülle der jüdischen Gesetze freuen? Ben-Chorin ist bei seinem Lieblingsthema. Nach einem genüßlichen Schlückchen Wein fährt er fort:

„Sehen Sie, gerade diese Erkenntnis, daß viele Juden an Gott glauben wollen, aber die strengen Gesetze der jüdischen Orthodoxie ablehnen, hat meine Freunde und mich veranlaßt, im Jahre 1958 die erste jüdische Reformgemeinde in Israel zu gründen. Mein Sohn ist Rabbiner in einer der elf bestehenden Gemeinden. Leider blieben unsere Reformversuche auf einen kleinen Kreis von wenigen hundert Familien im ganzen Land beschränkt.

Die traditionelle Liturgie der Synagoge mit ihren Gebeten um die Wiedereinführung des antiken Opferkultes schien uns überholt. Wir schufen das erste hebräische Reformgebetbuch der Geschichte."

Mosaische Gesetze als erzieherischer Wert

„Welchen Wert haben die mosaischen Gesetze für Sie", frage ich zurück.

„Die mosaischen Gesetzes regeln zunächst die mitmenschlichen Beziehungen. Jeder von uns — ob Jude oder Christ — bejaht theoretisch diese Gebote: ‚Du sollst deinen Nächsten lieben, denn er ist wie du.' Handle so, als ob die Interessen des andern deine eigenen wären. Problematisch jedoch erscheinen die ethisch gleichgültigen Ritualgesetze. Ob ich am Passahfest nur ungesäuertes Brot (Mazoth) esse oder eine Semmel, hat mit meinem menschlich-ethischen Wert gar nichts zu tun. Ob ich koscher esse oder nicht, deshalb bin ich kein besserer oder schlechterer Mensch. (koscher = rein, den Speisegesetzen entsprechend: Nach mosaischem Gesetz dürfen Gerichte aus Milch und Fleisch nicht zusammen zubereitet und gegessen werden. Es gibt eigene Gesetze für die Schlachtung der Tiere.) An dieser Stelle unterscheiden wir Reformjuden uns von den orthodoxen Juden, für die alle Gesetze verpflichtend sind, ob sie dem einzelnen etwas bedeuten oder nicht. Wir sehen im Ritualgesetz einen erzieherischen Wert: Das Gesetz soll verwirklicht werden, wenn es mich Gott näher bringt."

Ist der Sabbat eine Wonne?

„Wie halten Sie es beispielsweise mit der Sabbatheiligung", möchte ich wissen.

„Für mich ist die Sabbatheiligung ebenso verbindlich wie für die orthodoxen Juden. Aber ich will mit dem Propheten Jesaja sagen: ‚Und du sollst den Sabbat eine Wonne nennen.' Für mich ist der Sabbat keine Wonne mehr, wenn ich bei glühender Hitze oder bei strömendem Regen nicht fahren darf. Oder es heißt im mosaischen Gesetz:

,Am Sabbat sollt ihr in keiner Weise in euren Wohnungen Feuer anzünden' (2 Mose 35, 37).

Daraus folgern die orthodoxen Juden, daß sie am Sabbat keinen elektrischen Strom benutzen dürfen."

An der Westmauer beobachtete ich Männer, die sich unmittelbar nach Sabbat-Ausgang auf eine Zigarettenschachtel stürzten, um nach 24stündiger Sabbat-Ruhe den „Duft der großen weiten Welt" zu genießen. Wie beurteilt Ben-Chorin dieses Verhalten? „Hier haben Sie eine menschliche Schwäche vor sich. Das Rauchen ist am Sabbat verboten, weil man nicht rauchen kann, ohne Feuer anzumachen. Es ist immerhin anerkennenswert, wenn leidenschaftliche Raucher einen Tag lang auf ihre Zigaretten verzichten. Das Sabbatgebot bringt auf diese Weise ein erzieherisches Nebenprodukt hervor."

Ein anderer Gast schaltet sich in unser Gespräch ein:

Bei der Einweihung der vier unterirdischen Synagogen in der Jerusalemer Altstadt wurde ununterbrochen geraucht." Was der deutsche Besucher als Taktlosigkeit empfand, deutete der jüdische Taktiker wie folgt: „Außerhalb des Sabbats ist das Rauchen in der Synagoge religionsgesetzlich nicht verboten. Aber nicht alles, was nicht verboten ist, ist erlaubt."

„Leben heißt: Kompromisse schließen"

Noch einmal betont Ben-Chorin, daß die buchstäbliche Befolgung mancher Sabbatgesetze eine nationale Zwangsneurose auslösen könnte.

„Wir nehmen das jüdische Brauchtum in unser Leben hinein, soweit es uns weiterhilft. Aber die jüdische Orthodoxie sagt: Alles oder nichts. ,Alles oder nichts sagen immer die Menschen des Nichts' (Franz Rosenzweig). Leben heißt Kompromisse schließen, keine faulen Kompromisse. Gewiß hat der Apostel Paulus recht, wenn er die grundsätzliche Unerfüllbarkeit des Gesetzes (in toto) angenommen hat. Aber mit Daniel bekennen wir:

,Nicht auf unsere Gerechtigkeit gestützt, breiten wir unser Flehen vor dir aus, sondern im Vertrauen auf deine große Barmherzigkeit'" (9, 18).

Nationalität und Religion gehören zusammen

„Wir haben über konservative und über fortschrittliche religiöse Juden gesprochen, die höchstens fünf Prozent der Juden in Israel ausmachen", stelle ich fest. „Aber viele glauben überhaupt nicht mehr an den Gott Abrahams, Isaaks und Jakobs. Woran liegt das?" frage ich abschließend.

„Wir müssen uns damit abfinden, daß der Glaube an Gott eine Ausnahme ist. Außerdem haben viele Juden auf die quälende Frage, wie Gott die Tragödie von Ausschwitz zulassen konnte, keine Antwort bekommen. Für sie ist Gott selbst in den Gaskammern umgekommen. Und diese Erkenntnis wird von den älteren auf die jüngere Generation übertragen."

„Warum halten dennoch diese ‚gottlosen' Juden an bestimmten religiösen Traditionen fest?" möchte ich wissen.

„Die Bibel ist für viele Juden nur noch ein nationales Dokument. Und die religiösen Feiertage sind zugleich auch nationale Festtage, vom Versöhnungstag (Jom Kippur) abgesehen. Das Passahfest wird in Anlehnung an den Auszug aus Ägypten gefeiert. Zum Gedenken an die Errettung der Juden im Perserreich begehen wir das Purimfest. Am volkstümlichsten ist das Laubhüttenfest, die Feier der Weinlese und des Erntedankes und der Wüstenwanderung. Sie dürfen nicht vergessen, daß im Judentum Religion und Nationalität unlösbar miteinander verbunden sind.

Mit seinem Geist mag sich mancher Jude gegen Gott entschieden haben, aber seine Seele ist eine Abrahamsseele (Abraham aber glaubte Gott). Manche Juden reagieren gefühlsmäßig ganz anders, als sie sich verstandesmäßig entschieden haben."

Jerusalem als Laststein für alle Völker

Unser Gespräch ist beendet. Zum Abschied sagen wir Schalom und wünschen auch seiner geliebten Stadt Jerusalem Frieden. In seinem Arbeitszimmer hängt ein Plakat als Erinnerung an die Belagerung Jerusalems im Jahre 1948. Wenn Schalom Ben-Chorin nach der Zukunft Jerusalems gefragt wird, verweist er auf die Schriftzeichen jenes Posters:

„An jenem Tage mache ich Jerusalem für alle Völker zum Laststein, an dem sich alle, die ihn aufheben wollen, wundreißen werden" (Sacharja 12, 2).

21. Orthodoxe Juden an der Klagemauer

Den Sabbatausgang an der Klagemauer möchte ich nicht verpassen. Es wird höchste Zeit; denn die letzten Sonnenstrahlen sind soeben hinter der Omar-Moschee verschwunden. Sobald drei Sterne am Himmel zu sehen sind, feiern die orthodoxen Juden den Ausgang des Sabbats. Vom Ölberg laufe ich durch das Kidrontal — vorbei am Garten Gethsemane — in die gegenüberliegende hochgebaute Stadt. Scheinwerferlicht fällt auf die gigantisch wirkende 48 Meter lange und 18 Meter hohe Klagemauer, bestehend aus 24 Quadersteinlagen.

Neugierige drängen sich vor dem abgegrenzten heiligen Platz unmittelbar vor der Gebetsmauer. Fromme Juden in Kaftanen, bärtig und mit Tempelhütchen bedeckt, warten ungeduldig auf den großen Augenblick. Kundige Rabbiner starren gen Himmel, andere verharren im Gebet vor der Mauer oder psalmodieren heilige Texte, begleitet von rhythmischen Körperbewegungen, die immer intensiver werden. Die Spannung wächst! So stelle ich mir die letzten Sekunden vor dem Start einer Apollo-Rakete auf Cap Kennedy vor. Der Countdown hat begonnen ... fünf — vier — drei — zwei — eins — null. Die Rakete wird gezündet.

Der Sabbat ist vorbei

Es ist soweit! Drei Sterne stehen am hohen Himmelszelt. Ein Freudenschimmer huscht über die Akteure auf dem gepflasterten Platz, und das religiöse Schauspiel beginnt.

Ausgelassen vor Freude führen die Männer religiöse Reigentänze auf — zur Ehre Jahwes. Die Raucher scharen sich um einen Mann, der eine Packung Zigaretten hastig aus seiner Hosentasche geholt hat. Die Schachtel ist im Nu leer. Weil der Sabbat vorbei ist, darf wieder Feuer gemacht werden. Nach vierundzwanzigstündiger „Fastenzeit" — der Sabbat beginnt am Freitagabend und endet am Samstagabend — genießen die passionierten Raucher unter den Orthodoxen wieder den Glimmstengel.

Orthodoxe Juden sagen: Wenn wir die mosaischen Sabbatgesetze nur ein einziges Mal vollständig einhielten, würde der Messias kommen. Höhepunkt der Woche ist für jeden frommen Juden der Sabbat. Es herrscht absolute Arbeitsruhe. Selbst Mahlzeiten müssen am Vortage zubereitet werden. Die meisten Vergnügungsstätten haben von Freitagabend bis Samstagabend geschlossen. Es ruht sogar weitgehend der öffentliche Verkehr, sogar auf den Flughäfen.

Die Rabbiner achten auf die peinliche Einhaltung der Sabbatgebote in Israel, wenngleich die Mehrheit des Volkes nicht damit einverstanden ist.

Dramatische Szenen an der Tempelmauer

Allmählich glätten sich die religiösen Wogen an der legendären Klagemauer — pardon: Westmauer. Es handelt sich um die westliche Umfassungsmauer, die den Jerusalemer Tempelbezirk abgrenzte. Seit der Zerstörung des Tempels im Jahre 70 n. Christi Geburt zieht es fromme Juden immer wieder hierher, wo sie das Leid Israels beklagen.

Hoch oben patroullieren israelische Soldaten, ihre Maschinenpistolen immer im Anschlag; sie hüten das jüdische Heiligtum wie ihren eigenen Augapfel.

Unbeschreiblich muß die Freude der Juden gewesen sein, als sie am 8. Juni 1967 (Sechstagekrieg) zum erstenmal seit der Zerstörung des Tempels wieder vor der Mauer standen. In Jerusalem berichtete mir ein Augenzeuge von diesem Ereignis. Wildfremde, abgekämpfte Soldaten wären sich an der eroberten „Westmauer" um den Hals gefallen und hätten vor Freude laut geweint. Offiziere hätten spontan ihre Hände gefaltet. Stellvertretend für viele Israelis bekannte damals ein junger Soldat: „Am Berge Sinai erhielt Israel die Torah, d. h. die 10 Gebote von Gott. In Ausschwitz gab Israel die Torah an Gott zurück; denn nach Ausschwitz schuldeten wir Gott nichts mehr. Als wir die Tempelmauer gestern eroberten, haben wir die Torah wieder zurückbekommen."

Zum Zeichen dafür, daß Davids Stadt wieder voll im Besitz der Juden sei, blies der israelische Fallschirmgeneral Shlomo Goren am Tag der Befreiung an der Klagemauer in das Schofar-Widderhorn — ein Blasinstrument, das schon bei der Eroberung Jerichos geblasen worden sein soll.

Wann kommt der Messias?

Kein Eroberer und kein anderes Volk haben sich mit Jerusalem so ausschließlich verbunden gefühlt wie die Juden. Siebzehnmal wurde Jerusalem zerstört und wieder aufgebaut. Auf den Trümmern entstand jedesmal ein neues Jerusalem. Die heutigen Ausgrabungen sichten den Schutt der Jahrtausende und der fremden Eroberer: Babylonier, Perser, Seleukiden, Römer, Kalifen, Mamelucken, Kreuzritter und Türken. Unablässig beten bärtige Greise in unterirdischen Nischen neben der

Klagemauer um die Ankunft des Messias, der Israel Frieden bringen soll. Vertieft in abgegriffene Handschriftenrollen, murmeln sie uralte Verheißungen der Propheten für das Volk Israel vor sich hin. Diese Patriarchengestalten haben den Blick für ihre Umwelt verloren. Deshalb kann ich sie ungestört fotografieren.

Oberhalb der Klagemauer ist der Tempelplatz. Dort glänzt ein Schandfleck für orthodoxe Juden — die weltberühmte Omar-Moschee und die El Aksa-Moschee.

Aufsehen erregte die Ankündigung von Rabbi Jaffe, dem Präsidenten der „Union israelischer Synagogen", wonach Anfang 1975 mit dem Bau der großen Jerusalemer Synagoge begonnen werden soll. Dies habe nichts zu tun mit der Wiederherstellung des Tempels, sagte er, wenngleich gleiche Steine verwendet würden wie zum Bau des alttestamentlichen Tempels.

Inzwischen studieren Juden aus dem Priestergeschlecht Aaron auf dem Berg Zion die Vorschriften über den Opferdienst im Tempel; sie wollen einsatzbereit sein, wenn der Messias kommt.

Für jede richtige Antwort ein Bonbon

Heute betreuen 400 Rabbiner 6000 Synagogen in Israel. An der Klagemauer beobachte ich die ehrwürdigen Herren mit ihren breitrandigen schwarzen Hüten, wie sie das Volk in den jüdischen Ritus einführen oder Reden an das Volk halten.

An einem heißen Vormittag probt ein sportlich begabter und lustiger Rabbi mit seinen willigen Schülern einen religiösen Tanz. Anschließend versammelt er die orthodoxen Jünglinge mit Schläfenlocken um einen mit Samt überzogenen Tisch, auf dem ein heiliger Schrank steht. Ihm entnimmt der religiöse Lehrmeister feierlich eine Torahrolle. Er spricht auf seine Schüler ein. Alle achten auf ihn. Nur ein Bursche äugt hin und wieder zu mir herüber. Ich bin ihm nicht ganz geheuer. Schließlich wirft er mir verachtende Blicke zu, als ich meine Kamera zum Schnappschuß ansetze.

Bereits mit vier Jahren werden die Söhne orthodoxer Juden in die Synagogen geschickt, um so früh wie möglich die fünf Bücher Mose und die Schriften der Propheten lesen zu können. Beim Lesen tippen sie mit einem dünnen Zeigestöckchen auf jeden einzelnen Buchstaben und schaukeln mit dem Oberkörper hin und her im Takt der Verse. Wie seit Jahrhunderten wird heute teilweise noch in den orthodoxen Schulen gelehrt. Für jede richtige Antwort gibt es einen Bonbon, für jede falsche einen sanften Stockschlag. Im allgemeinen besteht aber ein überaus herzliches Verhältnis zwischen Eltern und Kindern.

Verbindung von Religion und Staat

Die religiösen Juden machen höchstens drei Prozent der Bevölkerung aus. Und doch ist ihr Einfluß ungemein groß.

Sie geben sich nicht zufrieden mit der freien Religionsausübung, sondern bestehen ebenso auf politischer Macht.

Die regierende Arbeiterpartei ist bei der Abstimmung wichtiger Gesetz-Entwürfe auf die religiösen Parteien angewiesen und muß deshalb entsprechende Zugeständnisse machen. Außerdem bestehen die in Amerika lebenden Juden auf einen religiösen israelischen Staat, obwohl diese amerikanischen Spender selber nicht gerade religiös sind.

Oberrabbiner Shlomo Goren argumentiert: „Wenn wir die Verbindung von Religion und Staat aufgeben, verlieren wir das Recht auf Palästina."

Wer ist Jude?

Wer in Israel heiraten will, muß sich gesetzlich von einem orthodoxen Rabbiner trauen lassen. Nichtjuden werden von den jeweiligen Vertretern der anderen Religionsgemeinschaften getraut.

Nach mosaischem Gesetz ist eine Wiederverheiratung nur möglich, wenn sich einwandfreie Beweise oder Zeugen für den Tod des Ehemanns auftreiben lassen. Bei Opfern der Vernichtungslager oder bei Vermißten der israelisch-arabischen Kriege war dies oft nicht möglich. Manche rücksichtsvollen Ehemänner hinterlegen vorsichtshalber vor ihrem Fronteinsatz einen Scheidungsbrief.

Auch die sogenannte „Chaliza" gilt immer noch. Danach hat der unverheiratete Bruder eines verstorbenen Ehemanns die Pflicht, die Witwe zu heiraten, falls sie kinderlos geblieben ist, „um den Samen zu erhalten".

„Wer ist Jude?" An dieser Streitfrage erhitzen sich seit Gründung des Staates die Regierungsmitglieder. Bisher gilt das religiöse Gesetz: Jude ist, wer von einer jüdischen Mutter geboren oder zum Judentum übergetreten ist. Den Übertritt aber kann nur ein orthodoxer Rabbiner vornehmen.

Kehren wir noch einmal zurück zur Klagemauer.

Briefkasten des lieben Gottes

Zahlreiche Zuschauer lauschen der humorvoll gewürzten Predigt eines wortgewaltigen Rabbiners an der Klagemauer. Sie lachen schon wieder los. Neugierig wende ich mich an zwei Israelis neben mir:

„Was hat er gesagt?"

„Der Rabbi schimpft über die heutige Jugend", informiert mich eine junge Dame. Schon wieder kichern die Mädchen los. Der Rabbi spricht hebräisch, und die Mädchen übersetzen auf englisch: „Junge Leute würden alberne Bitten auf kleine Zettel schreiben und sie dann in die Fugen der Tempelmauer stecken."

„Was steht denn da drauf?" frage ich weiter.

„Da hätte einer geschrieben: Lieber Gott, laß doch in der nächsten Woche die Fußballmannschaft von Tel Aviv gegen Jerusalem gewinnen."

Vielleicht gehört es in Israel zum guten Ton, daß jeder Jude mindestens einmal an dieser Mauer gebetet haben muß. Jeder betet, was er will — mit und ohne Gebetsriemen an Kopf und Arm —: aus dem Herzen, aus den Psalmen, aus den Prophetenbüchern oder aus Tradition. Und wem seine Gebete besonders am Herzen liegen, formuliert sie schriftlich und steckt sie in eine der Ritzen in der Klagemauer, dem Briefkasten des lieben Gottes, wie die Juden sagen.

Wie man ein Radiogeschäft zur Kirche macht

Noch am selben Tag streikt mein ständiger Begleiter, der Casettenrecorder, mit dem ich alle Gespräche aufnehme. In der geschäftigen Jaffastraße Westjerusalems bemühen sich zwei Radiofachleute um das defekte Tonbandgerät: Es läuft wieder. Und nun hören die beiden Juden beim Probelauf eine auf Band mitgeschnittene Jugendversammlung in der Siegerlandhalle: „Meine Name ist Jim, ich komme aus Oregon", tönt es aus dem kleinen Lautsprecher. „Wir glauben, daß unser Land das einzige Land ist, wo Milch und Honig fließt."

Oh, denke ich, hoffentlich sind meine deutschsprechenden Juden jetzt nicht verärgert. In Kanaan soll auch Milch und Honig fließen! Sie lassen das Band weiterlaufen und hören Jim stellvertretend für seine Musikgruppe sagen: „Wir sind sehr glücklich, daß Jesus Christus die Mitte unseres Lebens geworden ist." Dann spielen sie ein christliches Lied.

Der Mechanikermeister schaltet sich ein:

„Wir müssen noch den Vor- und Rücklauf kontrollieren."

Energisch drückt er auf die Schnellauftaste und stoppt nach wenigen Augenblicken. Und wieder drückt er die Wiedergabetaste herunter, und der Tonband-Evangelist tritt in Aktion: „Junge Menschen, die vor wenigen Jahren noch müde lächelten über die Prediger, berichten über ganz persönliche Erfahrungen mit dem Jesus, von dem sie sagen: Er lebt, er hat unser Leben verwandelt." Deutlicher geht's nicht. Vorübergehend verwandelt sich das jüdische Radiogeschäft in eine christliche Kirche mit Predigtgottesdienst.

Die gewissenhaften und hellhörigen Mechaniker „testen" noch weitere zwei oder drei Minuten. Am liebsten hätte ich ihnen den Evangelisten Johannes Hansen vorgestellt, dessen Stimme sie vom Band hören. Ob die aufhorchenden Juden ihren Beruf vergessen haben? Das Band dreht sich noch: „Diese jungen Leute sagen: Ich erlebe eine unbändige innere Freude, die in der Bibel ‚Friede mit Gott' heißt. Dieser Jesus ist so nahe bei mir wie die Luft um mich herum. Das glaube ich, das erfahre ich."

Der Meister läßt das Tonband zurücklaufen und überreicht mir den Recorder.

„Alles o.k.", sagt er zufrieden. Ich will zahlen. Aber der Chef wehrt ab.

„Nehmen Sie das Gerät so mit", fordert er mich auf. „Wenn es morgen noch läuft, bringen Sie mir drei israelische Pfund."

Offensichtlich möchte mir der jüdische Geschäftsmann eine Freude machen. Oder revanchiert er sich für die christliche Predigt. Daß er mir blindlings vertraut, habe ich jedenfalls meinem Tonband-Evangelisten zu verdanken.

22. Prominenter „Leibwächter"
leitet Bibelzentrum auf dem Ölberg

„Jeder, der gegen christliche Missionare vorgeht, ist ein guter Jude", propagiert Rabbi Meir Kahane. Und an der Klagemauer trat jener einflußreiche Führer der jüdischen Verteidigungsliga gar in den Hungerstreik, um die israelische Regierung zur Einschränkung christlicher Missionstätigkeit in Israel zu zwingen.

Wenngleich sich nur wenige ultra-orthodoxe Juden in die antichristliche Kampagne einspannen lassen, so richten die fanatisierten Minderheiten zunehmend erheblichen Schaden unter den ängstlich werdenden Christen an.

Allein in den Jahren 1973 und 1974 machte die Weltpresse auf folgende Anschläge aufmerksam:

„Brandstiftung in einer Westjerusalemer Missionsbuchhandlung mißglückt" — „Ultra-orthodoxe Juden verwüsten Internationales Bibel-Zentrum auf dem Ölberg" (1973) — „Zu den Zielen der Brandstifter gehörten ein Zentrum der Baptisten, das schwedische Missionshaus mit seinem Theologischen Seminar und das Zentrum Beit Zion, an dem mehrere christliche Missionsgemeinschaften beteiligt sind" (1974).

Im Kidrontal

Wiederholtes Angriffsziel orthodoxer Juden ist das Bibelzentrum auf dem Ölberg, das ich während meines Jerusalemer Aufenthaltes besuche. Die orientalische Sonne steht im Zenit. Ich passiere das Stephanstor an der Ostmauer, um durch das Kidrontal auf den gegenüberliegenden Ölberg zu gelangen. Früher wurden Verbrecher und Märtyrer diesen gleichen Weg zu ihrer Hinrichtungsstätte ins Kidrontal geführt.

Anläßlich einer mal wieder fälligen Säuberungsaktion im Tempel ließ der judäische König Josia alle Götzenbilder hinausschaffen; sie wurden vor den Toren der Stadt im Kidrontal verbrannt und zu Staub zerstampft. Und den Staub ließ er auf die Gräber der gemeinen Leute werfen.

Als der Prophet Joel das zukünftige Völkergericht im Tal Josaphat, auch Kidrontal genannt, ankündigte (Joel 3, 12), wurde dieser Platz eine bevorzugte Begräbnisstätte auch für angesehene fromme Juden. Unübersehbar ist das fürstliche Absalomgrab, ein in Fels gehauenes Mausoleum aus der Zeit des Königs Herodes.

Geschichte des Bibelzentrums

Endlich stehe ich vor einem eisenvergitterten Sandsteingebäude auf dem Ölberg. Ich entdecke ein christliches Kreuz und drücke kurzerhand auf den Klingelknopf. Eine schrille Hausglocke holt Bruder Joel aus dem Mittagsschlaf. „Der Herr hat Sie hierher geführt", will mich der fröhliche Judenchrist trösten, weil ich mich für den unangemeldeten Besuch entschuldige.

„Früher war ich Fremdenführer in Israel", erzählt mir Bruder Joel, „und ich sagte den Touristen, wir hätten alles in Israel, nur in kleinerem Maßstab. Manchmal erwiderten einige Pilger: Aber Pyramiden habt ihr nicht."

Voller Stolz führt er mich in das Erdgeschoß des geräumigen Hauses, vollgepackt mit Bibel und Neuen Testamenten in 38 verschiedenen Sprachen; denn in Israel leben Juden aus 70 Nationen.

„So, jetzt haben wir auch eine Bibel-Pyramide in Israel", triumphiert der engagierte Judenchrist.

Ich traue meinen Augen nicht, als mir Bruder Joel eine Anschriften-Kartei mit 38 000 Namen zeigt (59 % Juden und 41 % Araber aus Israel).

„Bitte schicken Sie mir eine Bibel in russischer Sprache", lese ich auf einer Postkarte, geschrieben von einem jüdischen Einwanderer, der seit 1923 in Rußland eine Bibel kaufen wollte — ohne Erfolg. Fast täglich gehen Briefe von russischen Juden ein.

Im ersten Halbjahr 1974 sind allein 4589 vollständige Bibeln und 18 054 Neue Testamente von Juden und Arabern in Israel angefordert worden.

Die sich immer mehr ausweitende Arbeit des „Internationalen Bibelzentrums auf dem Ölberg" wird besonders von erwecklichen Kreisen, die den skandinavischen und amerikanischen Pfingstgemeinden nahestehen, getragen. Hinzu kommen Freunde aus allen Kreisen der evangelischen Allianz.

„Der Herr sorgt für uns", antwortet Bruder Joel auf meine ängstliche Frage nach der Finanzierung des Bibellagers. Die eifrigen Bibilmissionare unter dem Vorsitz des Judenchristen Shlomo Hizak, des ehemaligen Leibwächters der israelischen Prominenz, sind auf neue Spender angewiesen.

Wie Bruder Joel Christ wurde

Kaum hat der gesprächige Bibelmann erfahren, ich sei in Siegen beheimatet, rennt er in Windeseile ans Telefon. „Ich muß sofort meinen

Freund anrufen; er kommt aus Siegen. Wissen Sie, mein Freund, der jetzt in Jerusalem wohnt, hat mir den Anstoß zum Glauben an den Herrn Jesus gegeben." Dabei verklärt sich sein braungebranntes Antlitz, er hält einige Sekunden inne, feierlich klingen seine Worte: „Am 5. Juni 1963 bin ich in der ‚Christ Church' (Christuskirche) zu Jerusalem auf den Namen des Vaters, des Sohnes und des Heiligen Geistes getauft worden."

Seine Lebensgeschichte im Telegrammstil: Der in Görlitz geborene Jude wurde nach der blutigen Kristallnacht (1938) vorübergehend ins Konzentrationslager Buchenwald gebracht. Nach dem Zusammenbruch des Nazi-Regimes setzten die russischen Besatzer ihn als Verwaltungsfachmann am Alexanderplatz in Ostberlin ein, bis er sich im Jahre 1947 zur Auswanderung nach Israel entschloß.

Zwölf Jahre lang arbeitete der deutsche Jude in einem orthodoxen Kibbuz bei Tel Aviv. Und am Sterbebett seiner Frau, die er im selben Kibbuz geheiratet hatte, lernte „Bruder Joel" den in Siegen geborenen Judenchristen kennen, seinen späteren geistlichen Vater. Am Jaffator in der Jerusalemer Altstadt besucht Bruder Joel regelmäßig die christlichen Versammlungen in der „Christ Church", dem ältesten protestantischen Kirchenbau des Mittleren Ostens. Juden und Araber haben miteinander Gemeinschaft, weil Jesus ihr gemeinsamer Herr ist.

Im übrigen legt der aktive Missionar seiner Konfession keine allzu große Bedeutung bei: „Ein UNO-Soldat muß im Einsatz vergessen, aus welchem Land er abkommandiert ist; er hört auf den Befehl des amtierenden Generals. Ich höre auf die Stimmes des Wortes Gottes."

Der prominente Leibwächter Shlomo Hizak

Auf seine Erfahrungen mit den orthodoxen Juden angesprochen, berichtet Bruder Joel u. a.: „Neulich haben uns zwei orthodoxe Juden fast verlegen gemacht. Bevor sie unser Bibelhaus verließen, stellten sie eine letzte Frage: ‚Könnt Ihr für unsern Lebensunterhalt aufkommen? Unsere Synagoge und unsere Angehörigen würden uns nämlich verstoßen, wenn wir an Euren Messias Jesus glaubten.'"

Shlomo Hizak, der geistliche Führer des „Internationalen Bibelzentrums auf dem Ölberg", kommt aus einem jüdisch-orthodoxen Elternhaus. Fast drei Jahre lang ist der jetzt 42jährige Hizak Leibwächter von dem inzwischen verstorbenen Ministerpräsidenten David Ben Gurion, dem ehemaligen Präsidenten Isaak Ben Zwi und der zurückgetretenen Regierungschefin Golda Meir gewesen.

Shlomos Großvater mütterlicherseits war ein streng orthodoxer Jude.

Schon früh machte er seinen Enkel (Shlomo) mit der Thora (5 Bücher Mose), den prophetischen Schriften und den jüdischen Traditionen vertraut. Aber die alttestamentlichen Verheißungen allein haben die „hungrige Seele" des jungen Shlomo nicht gesättigt. „Eines Tages überreichte mir ein Onkel, der Judenchrist war, ein Neues Testament", erinnerte sich Shlomo Hizak. „Bald darauf kam ich in eine christliche Gemeinde. Die Predigt rüttelte mich auf, und ich betete zu Jesus: Herr, vergib mir meine Schuld! Jesus erhörte meine Bitte: Frieden und Freude strömten durch meine Seele. In der Synagoge habe ich niemals diese Gewißheit der Sündenvergebung empfangen. Nun wußte ich: Das Alte Testament ist für mich ein Schulmeister, der mich auf meinen Messias vorbereitet hat."

„Es war ein wunderbares Erlebnis"

Von seiner jüdischen Verwandtschaft verstoßen, arbeitete Hizak eine Zeitlang im Kibbuz, wo er seine spätere Frau Shoshana, eine jemenitische Jüdin, kennenlernte.

Als späterer Leibwächter im Hause David Ben Gurions hatte der charismatisch begabte Judenchrist eine Vision: Er sah ein Feld mit verdorrten Totengebeinen der Kinder Israel (Hesekiel 37). Er sah, wie der Herr diese Prophezeiung erfüllte, indem er sein Volk von den vier Enden der Erde in das verheißene Land zurückbrachte. Dieses eindrucksvolle Traumgesicht beflügelte seinen missionarischen Eifer, den Juden das Wort Gottes zu verkündigen. Shlomo Hizak gab im Jahre 1968 sein Leibwächteramt auf und wurde vollzeitlicher Bibelmissionar.

Den letzten Anstoß zu seinem angefeindeten Bibelmissionsdienst in Israel erhielt der ehemalige Leibwächter in einer durchbeteten Nacht, als ihn ein tiefer Schmerz über die geistliche Blindheit des Volkes Israel überkam. Unaufhörlich bewegten Shlomo die Worte Jesu: „... und ihr werdet die Kraft des heiligen Geistes empfangen und werdet meine Zeugen sein in Jerusalem ..."

Aufgrund seines vollmächtigen Dienstes sehe ich keinen Grund, die von Shlomo gemachten Glaubenserfahrungen in jener Nacht als bloße Schwärmerei abzutun, über die er wie folgt berichtet: „Etwa um vier Uhr morgens kam der Geist Gottes wie eine schwere Wolke auf mich herab. Ich redete plötzlich in einer Sprache, die ich nie vorher gelernt hatte ... Es war ein wunderbares Erlebnis."

Jüdischer Rabbiner wünscht geistliche Erweckung

Shlomo hat auch die antichristlichen Kampagnen in einem Traumgesicht vorausgeschaut: „Deshalb bin ich ganz ruhig geblieben", schrieb er mir. „Gott wird alles zu seiner Verherrlichung gebrauchen."

„Während ich diesen Brief schreibe", lese ich in seinem Gruß aus Jerusalem, „erreichen mich ständig Drohungen über das Telefon. Die einen wollen unsere Häuser anstecken, die anderen uns Christen verletzen oder töten." Und der nächste Satz lautet: „Ist Gott für uns, wer mag gegen uns sein."

Tatsächlich benutzte Gott die jüdischen Anschläge gegen Christen in Jerusalem (1973) zu einem wirksamen Zeugnis. Shlomo Hizak war es zum erstenmal vergönnt, im israelischen Rundfunk und Fernsehen zu sprechen. „Ich habe unsere Nation zur Umkehr aufgerufen und sie aufgefordert, die heiligen Schriften und den Gott ihrer Väter zu suchen. Natürlich habe ich auch bezeugt, daß ich als Jude an meinen Messias Jesus glaube. Nach mir sprach ein führender Rabbiner, der sich für eine geistliche Erneuerung unter dem jüdischen Volk aussprach."

Unser Leuchtturm in Jerusalem

Besonders nach dem Yom-Kippur-Krieg (Oktober 1973) hat der geistliche Hunger unter den Israelis zugenommen, und einzelne Juden bekehren sich zu ihrem Messias Jesus. So ist durch das Zeugnis von Hizak ein berühmter jüdischer Arzt in Galiläa Christ geworden. Als Leiter einer Zentralklinik verteilt er Neue Testamente an seine Patienten. Im Zentrum der Jerusalemer Altstadt — auf dem Weg zur Klagemauer — hat Shlomo Hizak einen Bibelladen aufgemacht, „unsern Leuchtturm in Jerusalem".

Bibelmissionar Gideon, ein Neueinwanderer aus Amerika, den Jesus von seiner Trunksucht und Spielleidenschaft geheilt hat, berichtet von erfreulichen Begegnungen. Einmal kam ein Rabbi herein. Gideon hatte ihn viele Male eingeladen, aber der Rabbi weigerte sich, mit dem Judenchristen auch nur ein Wort zu wechseln. Schließlich begann der Rabbi, täglich die Bibel im Schaufenster zu lesen. Gideon blätterte jeden Tag eine Seite um. Der täglich in der aufgeschlagenen Bibel lesende Rabbiner gab seinen Widerstand auf und lud Gideon zu sich nach Hause ein; er wollte mehr wissen über den Messias und sein Evangelium.

Nicht nur unter Juden, auch unter Arabern arbeiten die judenchristlichen Bibelmissionare. Nahezu 80 000 Neue Testamente in arabischer

Sprache sind verteilt worden. Und jetzt (1974) beteiligen sich die rührigen Juden sogar am Bau eines arabischen Jugendzentrums in Galiläa. Wer die biblische Botschaft ernst nimmt, macht keine Unterschiede zwischen Juden und Arabern. Vor Gott sind alle Menschen gleich. Eine echte Chance für Friedensstifter in Israel.

Von Gethsemane nach Buchenwald

Kehren wir noch einmal zu Bruder Joel auf dem Ölberg zurück. Die Abendsonne wirft ihre letzten Strahlen auf die „goldene" Stadt, als ich mich von dem freundlichen Judenchristen verabschiede. „Sie sind nicht zum letztenmal in Jerusalem gewesen, Sie werden wiederkommen", prophezeit er mir. Mein Heimweg ins alte Jerusalem führt am Fuße des Ölbergs durch den Garten Gethsemane.

„Jesus ging wie gewohnt zum Ölberg, und seine Jünger begleiteten ihn. Als sie dort ankamen, sagte er zu ihnen: Betet darum, daß ihr in der kommenden Prüfung nicht versagt. Einen Steinwurf weit von ihnen entfernt kniete er nieder und betete: Vater, wenn du willst, erspare mir diesen Leidenskelch. Aber dein Wille soll geschehen, nicht meiner."

Gott führt manchmal sonderbare Wege — durch Kreuz und Leiden zu neuem Leben.

„Meine Mutter und ich sind die einzigen Überlebenden von 57 Familienangehörigen; die anderen haben die Nazis vergast", sagte Bruder Joel auf dem Ölberg. Und als ich ihn fragte, wie er dennoch an Gott glauben könne, erwiderte er: „Gerade weil ich im KZ Buchenwald viele Grausamkeiten erlebt habe, weiß ich, daß Christus lebt."

Und er weiß im Glauben noch mehr: Der gekreuzigte und auferstandene Herr wird wiederkommen und alle Tränen von unseren Augen abwischen.

23. Hiob und die Dokumente des Grauens in Yad Vashem

Sechs Millionen jüdische Männer und Frauen, darunter eine Million Kinder, wurden im „Dritten Reich" in deutschen Konzentrationslagern umgebracht. Inzwischen sind 30 Jahre vergangen. Nachdenklich folgen die deutschen „Leviten" ihrem jüdischen Reiseführer Zwi in die Gedächtnishallen des Schreckens auf dem Herzl Berg von Jerusalem. „Yad Vashem" heißt diese „Wallfahrtsstätte" zur Erinnerung an die ermordeten Juden. Der Besucherstrom reißt nie ab. Wie oft mag Zwi mit deutschen Gruppen über die gepflasterte Terrasse geschritten sein.

„Wie kann ein Jude", erzählte mir Zwi, und er meinte sich selbst, „deutsche Touristen durch Israel führen, dessen Vater in Dachau vergast und dessen Mutter und Schwester nach Minsk deportiert und dort im KZ umgekommen sind." Zwi machte eine kurze Pause und fuhr fort: „Wissen Sie, ich bin damit leichter fertig geworden als meine Frau, die sich bis heute nicht entschließen kann, einer kostenlosen Einladung in ihre alte Heimatstadt Berlin zu folgen. Als Hitler an die Macht kam, mußten ihre Eltern brot- und mittellos über die Grenze nach Belgien fliehen. Dort wurden sie später von einrückenden deutschen Soldaten ermordet."

Jeder trug einen Grabstein

Unter dem Eindruck der Schreckensnachrichten aus deutschen Todeslagern hat der Israeli Mordechai Schenhavi nach einem Alptraum im Jahre 1941 den Anstoß zum Bau einer eindrucksvollen Gedenkstätte gegeben. Im Traum sah er Menschenmassen an sich vorüberziehen. Jeder trug einen Grabstein auf seinem Rücken und sah ihn fordernd an. Er entdeckte auch vertraute Gesichter von Verwandten und Freunden aus seiner Jugendzeit in Polen. In weiter Ferne legte jeder seinen Grabstein nieder, bis sich am Horizont ein gewaltiger Berg von Grabsteinen erhob.

Fortan war Schenhavi von dem Gedanken beseelt, jeden einzelnen ermordeten Juden im Gedächtnis der Überlebenden und Nachkommen festzuhalten . . .

Gott und Auschwitz

Totenstille herrscht in der „Gedächtniskammer" von „Yad Vashem". Im Feuerschein der „ewigen" Flamme zeichnen sich gespensterhaft bekannte

Namen ehemaliger Todeslager auf dem schwarzen Marmorboden ab. 21 Namen, die niemand vergessen sollte, unter ihnen Dachau, Treblinka, Bergen-Belsen, Ausschwitz . . .

Stände die deutsche Religionsphilosophin Dorothee Sölle an diesem Ort, würde sie ihre ironischen Worte wiederholen: „Wie man nach Ausschwitz den Gott loben kann, der alles so herrlich regieret, das weiß ich auch nicht." Auf meine Frage, wie er Sölles Kritik beurteile, antwortete Bundespräsident Heinemann:

„Die Menschen sind nicht Gottes Marionetten. Gott läßt uns eine eigene Entscheidung offen. Ausschwitz ist — mit anderen Worten — nicht eine Tat Gottes, sondern eine Tat von Menschen, die aus eigener Entscheidung handelten."

In diesem Sinne äußerte sich auch der zum Tode verurteilte NS-Parteiminister Frank in seinem Schlußwort vor dem Nürnberger Gerichtshof: „Wir haben am Anfang unseres Weges nicht geahnt, daß die Abwendung von Gott solche verderblichen Folgen haben könnte. Ich bitte unser Volk, daß es nicht verharrt in dieser Entwicklung; denn Hitlers Weg war der vermessene Weg der Abwendung von Christus, der Weg des Verderbens und des Todes."

„Die Juden sind unser Unglück"

In Yad Vashem ist jener Weg des Todes und des Verderbens, bezogen auf die Ausrottung des jüdischen Volkes, peinlich genau in Bildern und Dokumenten festgehalten. Von den weißgetünchten Wänden prangen Plakate in deutscher Sprache, Plakate, die die von Hitler berauschten Deutschen jahrelang — meist ohne Widerspruch — kommentarlos zur Kenntnis nahmen.

Ich lese:

BEKANNTMACHUNG
Gemäß der 3. Verordnung über Aufenthaltsbeschränkungen im Generalgouvernement vom 15. 10. 1941 unterliegen Juden, die den jüdischen Wohnbezirk unbefugt verlassen, der Todesstrafe.
Gemäß der gleichen Verordnung unterliegen Personen, die solchen Juden wissentlich Unterschlupf gewähren, Beköstigung verabreichen oder Nahrungsmittel verkaufen, ebenfalls der Todesstrafe . . .

Gleich daneben springen mir Schlagzeilen aus der Nazi-Hetzschrift „Der Stürmer" in die Augen:

„Jüdischer Mordplan gegen die nichtjüdische Menschheit aufgedeckt."
„Die Juden sind unser Unglück."
„Menschenmörder von Anfang."

Was hätten wir tun können?

Eine Woche vor diesem Besuch gestand mir eine Arztfrau aus Tel Aviv:
„Es fällt mir leichter, einen Araber zu lieben als einen Deutschen. Das
deutsche Volk hat systematisch zweimal so viele Juden umgebracht wie
heute in Israel wohnen."

Man könne doch nicht ein ganzes Volk für die Verbrechen einzelner
Mörder verantwortlich machen, erwiderte ich.

„Einzelne Menschen können nicht 6 Millionen Menschen vernichten",
antwortete sie, und diese Antwort habe ich immer wieder in Israel gehört.

Intensiv studiert eine „Levitin" in Yad Vashem Dokumente der SS.
Als Wehrmachtshelferin in Minsk eingesetzt, bestätigte sie Zwi die Existenz eines jüdischen Gettos, wo seine Mutter und Schwester umgekommen waren. Aber alles sei geheim gewesen, beteuerte sie dem jüdischen
Reiseleiter. Und was hätte sie tun können, wenn sie informiert gewesen
wäre?

Eine quälende Frage für manchen „Leviten".

Unser geistlicher „Leviten"-Betreuer Karl Schäfer war vorübergehend
als Gemeindepastor im österreichischen Salzkammergut tätig, wo während des Hitler-Regimes in einem geheimnisumwitterten Bergwerk u. a.
Raketenbrandstoffe von Juden hergestellt wurden. Als immer mehr voll-
besetzte Züge in den Bergstollen hineinfuhren, habe ein Presbyter seiner
Gemeinde einen SS-Wachposten nach dem Verbleib der vielen Menschen
gefragt.

„Wenn Sie noch einmal fragen", hieß es, „kommen Sie auch dorthin."

Hitler oder Christus

Ich traf auf meiner Israel-Reise eine 53jährige Krankenschwester, die mir
die letzten Augenblicke ihres sterbenden Bruders (1971) schilderte: „Nach
seiner Befreiung aus dem österreichischen ‚Bergwerk', sprich Todeslager,
im Jahre 1945 hörte mein Bruder bis zu seinem Tode fast jede Nacht im
Traum seine eigenen Schreie oder die Schreie seiner Leidensgefährten.
Seine letzten Worte waren: ‚Die kommen wieder!' Dabei verzerrte sich

sein Gesicht, und er muß wohl in seinem Wahn die Kommandorufe der KZ-Schergen gehört haben."

Angesichts solcher Tragödien verstehe ich die anklagenden Worte Schalom Ben-Chorins, der selbst am 1. April 1933 von der SS verhaftet und schwer mißhandelt worden war, aber schließlich noch im Jahre 1935 nach Palästina flüchten konnte.

„Wenn Christen das Wort ihres Herrn gehört hätten: ‚Was ihr einem der geringsten Brüder getan, das habt ihr mir getan‘, dann hätte es nicht 6 Millionen jüdische Opfer gegeben. Wenn die Kirchen nur die Alternative aufgezeigt hätten ‚Hitler oder Christus‘, Gott oder den Menschen gehorchen, dann hätte nicht geschehen können, was geschehen ist!"

Heinrich Grüber als einziger Zeuge

Zu den wenigen Christen, die sich öffentlich für verfolgte Juden in Deutschland eingesetzt hatten, gehörte Propst Heinrich Grüber. Er wurde als *einziger* deutscher Zeuge im Eichmann-Prozeß nach Jerusalem eingeladen. In seinen „Erinnerungen aus sieben Jahrzehnten" (1968) erinnert sich der mutige Christ: „Als ich den überfüllten Gerichtssaal betrat und die vielen verweinten und verbitterten Menschen sah, da wurde mir bewußt, daß ich nun einen meiner schwersten Wege zu gehen hatte, und ich hätte die folgenden Stunden nicht ertragen können, wenn ich nichts von der Kraft des Heiligen Geistes verspürt hätte, der schon einmal in dieser Stadt den Menschen die Lippen löste und die Ohren öffnete."

Dieser spektakuläre Prozeß um Adolf Eichmann (1962), den verantwortlichen SS-Mann für die „Endlösung der Judenfrage", wird im Gedächtnis des jüdischen Volkes noch lange haften bleiben.

„Während der Prozeßtage habe ich mit meinen Kindern jeden Tag eine Trauerstunde eingelegt, wenn die Gerichtsprotokolle verlesen wurden. Mein Sohn war damals fünfzehn Jahre alt", berichtete mir die bereits erwähnte Krankenschwester, „aber er wollte unbedingt von seinem Taschengeld die Schallplatten vom Eichmann-Prozeß kaufen."

Kürzlich sei ihr Sohn — heute Assistenzarzt in Tel Aviv — mit dem Flugzeug nach Spanien geflogen und habe unvorhergesehen in Köln zwischenlanden müssen. Selbstverständlich habe er das Flughafengelände nicht verlassen, berichtete mir die leidgeprüfte Jüdin voller Stolz.

Deutschland ist für viele Juden immer noch tabu.

Wo ist dein Gott, Hiob?

Kehren wir zurück nach Yad Vashem. Ich schaue durch den Sucher meiner Kamera und fange ein wandhohes Foto aus einem KZ ein. Ausgemergelte Gestalten vegetieren in ihren Schlafkojen dahin, ihre Gesichter sind von Todesangst gezeichnet.

Dann taucht plötzlich die tragische Gestalt namens Hiob auf, geschaffen vom israelischen Bildhauer Rapoport. Die betenden Hände des trotzig zum Himmel schauenden Hiob sind zur Faust geballt, über seinen Schultern ein heiliges Buch, und auf dem nackten Arm wird eine KZ-Nummer sichtbar.

Wer kennt nicht aus dem Buch Hiob die spöttischen Worte der Freunde:

„Ja, rufe nur, Hiob. Ob wohl einer da ist, der dir Antwort gibt?" Nach erbitterten Glaubenskämpfen rang er sich schließlich zu einem Bekenntnis durch, das bis heute nachhallt:

„Aber ich weiß: Mein Erlöser lebt ... Selbst wenn meine Haut an mir zerfetzt und mein Fleisch geschwunden sein wird, so werde ich doch Gott schauen ..." (Hiob 19, 25).

Von Gott her ist nichts sinnlos

„Ein Jude in Israel", erzählte mir Professor Helmut Gollwitzer, „der die Tätowierung des KZ an seinem Arm hatte, antwortete mir auf die Frage, wie er die unmenschlichen Qualen des Konzentrationslagers überstanden habe: ‚Ich wußte, von Gott her ist nichts sinnlos.'"

Hat Jesus nicht die tiefste Sinnlosigkeit unseres menschlichen Daseins selbst durchlitten, indem er ausrief: „Mein Gott, mein Gott, warum hast du mich verlassen!" Und derselbe Jesus hat als Auferstandener die Mauer der Sinnlosigkeit und des Todes durchbrochen. Wie wird nun ein frommer Jude, der nicht an den auferstandenen Christus glaubt, mit dieser Leidensfrage fertig?

Ich fragte Schalom Ben-Chorin, welche geistliche Hilfestellung er seinen Leidensgefährten gebe, die im KZ an Gott irre geworden sind.

„Ich werde nicht versuchen, ihre Argumente zu widerlegen", sagte er. „Jeder Mensch hat das Recht sich aufzulehnen, wo er so tief getroffen wird. Aber mit Hiob sage ich: Ich lege meine Hand auf meinen Mund. — Nur ein Mensch, der selbst durch die Leidensschule gegangen ist und Gott wieder findet, kann darüber reden. Der Mensch ist frei. Die Sünde ist der Preis der Freiheit. Man kann das Gute oder das Böse wählen.

Warum Gott diesen entsetzlichen Mißbrauch der Freiheit zugelassen hat, weiß ich auch nicht. Wir müssen uns bescheiden lassen, wenn der Prophet Jesaja sagt: Meine Gedanken sind nicht eure Gedanken, spricht der Herr."

„Ich werde eure Gräber öffnen"

Immer noch die Bilder des Schreckens vor Augen, verlassen wir Yad Vashem, den jüdischen Friedhof ohne Gräber. Dem „Totenreich" entronnen, empfinde ich die Sonnenstrahlen als unverdientes Geschenk. Das vor mir liegende neuerbaute Westjerusalem erstrahlt in abendlichem Glanz.

Ich muß an die Vision des Propheten Hesekiel denken:

„Der Herr führte mich im Geiste hinaus und ließ mich mitten in einer Talebene lagern, die voll von Totengebeinen war ... Da fragte er mich: Menschensohn, können diese Gebeine wohl wieder lebendig werden? Ich antwortete: Herr, mein Gott, das weißt du allein. Darauf gebot er mir: Weissage über diese Gebeine und rufe ihnen zu: ... Wahrlich, ich will Lebensgeist in euch kommen lassen, damit ihr lebendig werdet ... Als ich nun weissagte, was mir befohlen war, da kam der Lebensgeist in sie, daß sie lebendig wurden und auf ihre Füße traten, eine große Heerschar. Daraufhin sagte er zu mir: Menschensohn, diese Gebeine sind das ganze Haus Israel. Siehe, sie sagen jetzt: Verdorrt sind unsere Gebeine und verschwunden ist unsere Hoffnung, es ist ganz zu Ende mit uns ... So spricht Gott der Herr: Wisset wohl, ich werde eure Gräber öffnen und werde euch aus den Gräbern hervorgehen lassen und euch, mein Volk, in das Land Israel zurückbringen ..." (Hesekiel 37).

24. Nach dem Yom Kippur-Krieg

Hundert Millionen Araber stehen gegen drei Millionen Juden, heute — nach dem Oktoberkrieg 1973 — geschlossener denn je.

Der Mythos von der militärischen Stärke Israels ist schwer erschüttert, und die Araber haben ihre Minderwertigkeitskomplexe gegenüber ihrem Erzfeind verloren. Wo einst arabische Soldaten ihre Schuhe stehen ließen, um schneller durch den Wüstensand fliehen zu können, gaben nun die Israelis Hals über Kopf ihre Stellungen auf.

Bis zum Sechs-Tage-Krieg 1967 war Jerusalem eine geteilte Stadt — jüdischer Teil und arabische Altstadt waren durch Mauern und Stacheldraht getrennt. In den folgenden sechs Jahren versuchten die Sieger, mit den Arabern in friedlicher Koexistenz zu leben. Aber seit dem Oktoberkrieg 1973 und dem Machtzunder der durch die Ölkriese reich gewordenen Araber tritt der alte Konflikt offener zutage als je zuvor, und entschlossener denn je fordert die arabische Welt die Rückgabe der von Israel besetzten arabischen Gebiete und der Heiligen Stätten des Islams in Jerusalem.

„Mohammedaner aller Länder vereinigt euch im Kampf gegen Israel." Auf der islamischen Gipfelkonferenz (1974) in der pakistanischen Stadt Lahore haben 37 Staatschefs ihren gemeinsamen Willen zum Kampf gegen Israel bekräftigt.

Allah will den „Heiligen Krieg"

Um den Haß gegen Israel zu schüren und die Kampfmoral der Araber zu stärken, werden religiöse Argumente seitens der islamischen Führer ins Feld geführt.

Eine Woche vor Ausbruch des Oktoberkrieges — am dritten Todestag Abdel Nassers — hielt dessen Nachfolger Sadat eine Gedenkrede, in der er zum Schluß sagte: „Brüder und Schwestern, Sie haben vielleicht bemerkt, daß ich nicht von der Schlacht gesprochen habe. Ich verspreche nichts. Aber so Gott will, werden wir unser Ziel erreichen. Es ist nämlich der Wille Allahs!"

„Tötet sie und laßt euch nicht von Mitleid oder Barmherzigkeit ergreifen." Mit diesen Worten leitet der Oberbefehlshaber der ägyptischen Armee das islamische Taschengebetbuch „Unser Glaube — unser Weg zum Sieg" (1 Million Auflage) ein. Jeder arabische Soldat soll sich daran stärken, wenn er in den „Heiligen Krieg" zieht, den Mohammed befohlen hat.

Das kriegerische Unternehmen gegen Israel von 1973 bekam den Decknamen „Operation Badr". Es war am 6. Oktober 623, als der Prophet Mohammed mit den Vorbereitungen auf die Schlacht von Badr begonnen hatte. Zehn Tage später folgte Mohammeds triumphaler Einzug in Mekka, und damit begann die Ausbreitung des Islams.

1350 Jahre später veröffentlichte der Großscheich von Kairo — Führer der obersten islamischen Behörde — folgenden Aufruf: „Im Heiligen Krieg muß jedes Opfer erbracht werden, um die islamischen Gebiete von den zionistischen Aggressoren zu befreien." — „Im Namen Allahs, des Gnädigen und Barmherzigen! Unsere Streitkräfte haben planmäßig mit der Offensive in Richtung Osten begonnen", hieß es im Frontbericht über Radio Kairo.

Sirenengeheul am Yom Kippur

Sirenengeheul schreckte die feiernden Juden um 13.45 Uhr am 6. Oktober 1973 auf. Am heiligsten Tag des Judentums, wo man fastend im Gebet steht, wo der Jude im Gottesdienst auf die Knie fällt, was er sonst nie tut, wo nacherlebend berichtet wird, wie einst der Hohepriester nur an diesem Tag das Allerheiligste des Tempels betrat — „denn an diesem Tag wird er euch entsühnen, euch zu reinigen von allen euren Sünden" (3. Mose 16, 30).

An dem Großen Versöhnungstag, an dem Radio und Fernsehen schweigen und zu stiller Einkehr zu Hause bleibt, wer nicht in die Synagoge gehen will — stürmten ägyptische Soldaten zu Zehntausenden mit Hunderten von Panzern über den Suezkanal. Im Handstreich eroberten sie das von Israel angeblich felsenfest gesicherte Ostufer der Sinai-Halbinsel. Israels Kampfflugzeuge, die beste Waffe des Judenstaates, wurden durch arabische Raketen russischer Herkunft getroffen; 43 Piloten und 194 Flugzeuge verlor Israel in dem sogenannten Yom Kippur-Krieg.

Syrische Panzer stießen auf den Golanhöhen vor.

Wer Yom Kippur stört, bricht in das Zentrum des jüdischen Heiligtums ein. Es dauerte lange, bis sich Israel von der Überraschung erholt hatte und seine Soldaten mobilisieren konnte. Dann lief die Kriegsmaschinerie auf Hochtouren. Auf den Schlachtfeldern in der Sinai-Wüste und auf den Golanhöhen kämpften 115 000 Israelis gegen 298 000 Ägypter und 132 000 Syrer, verstärkt durch irakische und jordanische Einheiten.

Israel auf einsamem Posten

Die von allen Seiten belagerte Festung Israel geriet mächtig ins Wanken. Niemand ergriff für das kleine Israel Partei, abgesehen von den Vereinigten Staaten mit seinen sechs Millionen einflußreichen und meist begüterten Juden.

Die Welt hüllte sich in Schweigen; die Großmächte und die kein Erdöl produzierenden Länder der Dritten Welt wurden von den Arabern in Schach gehalten. Ihre Waffe: das Öl. Wer sich zu Israel bekennt, bekommt kein Öl mehr. Wer kein Öl hat, dem geht die Luft aus.

Einzelne verantwortliche Persönlichkeiten in Deutschland erhoben ihre Stimme: „Die Existenz des Staates Israel kann uns nicht gleichgültig sein; denn wir können unsere Geschichte nicht vergessen. Wer sechs Millionen Juden ausgerottet hat, darf nicht mehr schweigen." Noch deutlicher formulierte es der ehemalige Bundeskanzler Brandt: „Es gibt für uns Deutsche keine Neutralität des Herzens und des Gewissens. Wir können uns aus unserer Geschichte nicht hinausmogeln."

Besonders tragisch empfanden die Israelis das Schweigen der christlichen Kirchen. Mußten sie nicht wissen, was der große Versöhnungstag bedeutet? Verschlossen sie ihre Ohren vor der Herausforderung dieses Angriffs? Der Vatikan und selbst der Weltkirchenrat, der sonst Gerechtigkeit für die dritte Welt fordert, blieben stumm.

Der jüdische Theologe David Flusser aus Jerusalem beantwortete das peinliche Verhalten der Christen mit einem Sendschreiben aus der Offenbarung des Johannes:

„Ich weiß deine Werke, daß du weder kalt noch warm bist — Weil du lau bist und weder warm noch kalt, werde ich dich ausspeien aus meinem Munde."

Das Ende des verlustreichen Krieges

Nach anfänglichen arabischen Erfolgen begannen die verzweifelt sich zur Wehr setzenden Juden eine verlustreiche Gegenoffensive. An der Sinai-Front drangen Israelis über den Suez-Kanal auf ägyptisches Gebiet vor und schlossen die dritte ägyptische Armee (20 000 Soldaten) und 300 kampfbereite Panzer ein.

In einem abenteuerlichen Unternehmen landeten israelische Fallschirmjäger im Rücken syrischer Stellungen auf den Golanbergen und stießen später in Richtung Damaskus vor.

Erst zu diesem Zeitpunkt witterten die russischen Hintermänner sowie die gegen Israel aufgehetzten Völker Gefahr für die arabischen Aggressoren und alarmierten den Sicherheitsrat der Vereinten Nationen. Charakteristisch scheint mir die Kritik des israelischen Stabschefs Elazar zu sein: „Solange die Araber in der Offensive waren, kam der Weltsicherheitsrat nicht einmal zu dem Zweck zusammen, um über ihre Aggressoren zu beraten. Als sie der Niederlage nahe waren, hatten es unsere Feinde und deren Freunde eilig, eine Einstellung der Kämpfe zu verlangen."

Dem unermüdlichen Friedensmacher Henry Kissinger, dem amerikanischen Außenminister, gelang es nach pausenlosen Verhandlungen mit beiden Seiten, eine Feuereinstellung am 24. Oktober 1973 zu erwirken. Außerdem akzeptierten die kriegerischen Parteien die Entscheidung des Sicherheitsrates, auf ihre Stellungen vor Ausbruch der letzten Feindseligkeiten zurückzugehen.

Nach 129tägiger Besetzung verließen die letzten israelischen Einheiten die ägyptische Westseite des Suez-Kanals. Ihre Lastwagen trugen Aufschriften wie „Hallo Tel Aviv" oder „Auszug aus Ägypten". Ihre Panzer hatten einen Friedenslook aufgesetzt: Große gelbe Sonnenblumen steckten in den Geschützrohren, und Friedenstauben wurden losgelassen. Man sah Verbrüderungsszenen zwischen ägyptischen und israelischen Soldaten; sie umarmten sich und beschlossen, sich gegenseitig in Kairo und Tel Aviv zu besuchen.

Nahost-Konflikt und ihre Folgen

Kaum war der Krieg zu Ende, da begann die größte Begräbnisaktion in der Geschichte des jungen Staates Israel: 2600 Israelis waren gefallen. Und der Nahost-Konflikt hat Israel seit dem 1. Oktober 1947 insgesamt 11 309 (Zählung bis Oktober 1974) Menschenleben gekostet.

Die Stimmung in Israel und in den arabischen Staaten hat sich seit dem Oktoberkrieg 1973 entscheidend geändert.

Die Ägypter z. B. frohlocken mit ihrem General Ismail: „Wir stehen jetzt vor der Welt ganz anders da. Früher hielt man uns für lebendige Leichname, doch jetzt sieht man, daß wir kämpfen und siegen können."

In Israel ist die langjährige siegbetonte, oftmals arrogante Haltung gegenüber den Arabern plötzlich umgeschlagen in Resignation und Enttäuschung.

Ein jüdischer Vater, dessen Sohn gefallen war, sagte: „Seit dem Sechstagekrieg haben wir im Wolkenkuckucksheim gelebt ... diese Selbstzufriedenheit und Prahlerei konnten wir uns gar nicht leisten." Und dabei hat Israel nie Frieden, sondern nur Krieg gekannt.

Bis heute sind Israels Grenzen keine vertraglich festgelegten Staatsgrenzen, sondern nur Waffenstillstandslinien. Strikt lehnen alle arabischen Nachbarstaaten friedensvertragliche Regelungen mit Israel ab, weil sie den jüdischen Staat nicht als gleichberechtigten Partner anerkennen.

Die Schwierigkeiten begannen im Jahre 1947, nachdem die UN-Vollversammlung die Teilung Palästinas in einen jüdischen und einen arabischen Teil beschlossen hatte. Sämtliche Großmächte, sogar die Sowjetunion, stimmten damals für die Errichtung des Staates Israel. Mit Abzug der britischen Truppen aus dem Mandatsgebiet Palästina wurde am 14. Mai 1948 der Staat Israel ausgerufen.

Am nächsten Tag fielen Truppen der in der „Arabischen Liga" verbündeten Staaten Ägypten, Syrien, Libanon, Transjordanien und Irak in Palästina ein. Damals standen 650 000 jüdische Einwanderer, die zu ihrer Verteidigung kaum mehr als den Beschluß der Vereinten Nationen aufzuweisen hatten, sechs schwerbewaffneten arabischen Armeen gegenüber.

„Dies wird ein Ausrottungskrieg", prophezeite damals Azzam Pascha von der Arabischen Liga. Man werde davon sprechen „wie von dem Massaker der Mongolen oder von den Kreuzzügen".

Bis auf die jordanische Besetzung der Jerusalemer Altstadt konnten die Juden dennoch diesen Krieg für sich gewinnen.

Der zweite israelisch-arabische Waffengang begann am 29. Oktober 1956 im Zusammenhang mit der Verstaatlichung des Suez-Kanals durch den ägyptischen Präsidenten Nasser. Engländer und Franzosen zogen Israel in den Kampf gegen Ägypten hinein, und israelische Panzer besetzten erfolgreich die zu Ägypten gehörende Sinai-Halbinsel. Aufgrund einer UN-Resolution hat Israel 1957 die gewonnenen Sinai-Gebiete wieder geräumt.

Danach schürte der ägyptische Staatspräsident den totalen Kampf gegen Israel: „Wir werden sie ins Meer stürzen."

Nachdem Nasser die UNO-Beobachter aus den Grenzgebieten vertrieben und den Golf von Akaba gesperrt hatte, rückten starke Panzerverbände auf der Sinai-Halbinsel nach Israel vor.

Diesem kriegerischen Unternehmen kam Israel durch eine Blitzaktion zuvor. Am frühen Morgen des 5. Juni 1967 startete Israel einen Überraschungsangriff und siegte in sechs Tagen. Der Gaza-Streifen, die Sinai-Halbinsel, Westjordanien, die syrischen Golanhöhen und die in jordanischer Hand befindliche Altstadt Jerusalem wurden von Israel erobert.

Sicherheit nur durch Friedensvertrag

„Es bedarf keiner besonderen Vorstellungskraft, um zu erkennen, welch grauenhafte Lage für Israel entstanden wäre, hätten wir jetzt die Grenzen vom 4. Juni 1967" (also ohne die eroberten Gebiete), „sonst wären wir den Arabern auf Gnade und Ungnade ausgeliefert gewesen." So reagierte die ehemalige Ministerpräsidentin Golda Meir nach dem Oktoberkrieg 1973.

Man kann verstehen, daß Israel erst Friedensgarantien von den Arabern haben möchte, bevor es über die besetzten Gebiete verhandelt. Die Araber wollen ihre Gebiete zurückhaben ohne politische Übereinkunft, die Israelis wollen politische Übereinkunft bei nicht allzu großem Verzicht auf die arabischen Gebiete. Die Formel des jetzigen Ministerpräsidenten Rabin lautet: „Für jedes Stück Frieden ein Stück Land." In diesem Zusammenhang scheint mir die von deutschen Schriftstellern vorgeschlagene Friedensregelung diskutabel zu sein (Grass, Lenz und Böll): „Israel kann nur Sicherheit gewinnen, wenn die geräumten Gebiete nach Abschluß eines Friedensvertrages entmilitarisiert werden und wenn die Großmächte mit den Staaten der europäischen Gemeinschaft die militärische Garantie des Friedensvertrages übernehmen. Das arabische Verhalten erlaubt kein gutwilliges Vertrauen."

Höchstverschuldetes Land

Das heutige Israel kennt aber nicht nur außen-, sondern auch innenpolitische Probleme. Israel ist das höchstverschuldete Land der Welt: 10 Milliarden Mark Schulden. Das Wirtschaftswunder ist auf Kredit geschaffen. Die Kriege haben ungeheure Summen verschlungen. Nach Angaben des israelischen Finanzministers Sapir hat der Yom-Kippur-Krieg den Verteidigungshaushalt um rund 7,5 Milliarden Mark ansteigen lassen. Da helfen auch nicht mehr die eine Milliarde Dollar, die jährlich von amerikanischen Juden gespendet werden.

Bruderkrieg in Israel

„Wenn der Krieg der Araber gegen die Juden vorbei ist, fängt der Krieg der Juden gegen Juden an", prophezeiten jüdische Zyniker. James Baruch, ein orientalischer Jude, der als Kriegsgefangener im ägyptischen Fernsehen das israelische Gesellschaftssystem angriff, deutete die Hintergründe jenes Bruderkrieges so: „Die Juden europäischer und amerikanischer Herkunft bekommen alles. Wir arbeiten wie die Esel und bekommen nichts."

Unüberbrückbar scheinen die sozialen, kulturellen und historischen Gegensätze zwischen den meist ungebildeten jüdischen Einwanderern aus Afrika und Asien einerseits und den studierten, meist wohlhabenden Juden aus Europa und Amerika zu sein.

Folgende Zahlen machen diese Unterschiede deutlich: Obwohl die orientalischen Juden 40% der Bevölkerung ausmachen, bekleiden sie nur zu 3% hohe Staatsämter. Nur vier Prozent der Universitätsstudenten in Israel sind orientalische Juden. Von 65 000 jüdischen Familien, die in abbruchreifen Wohnungen hausen, kommen 50 000 aus orientalischen bzw. asiatischen Ländern. Und 75 Prozent der jugendlichen Straftäter kommen ebenfalls aus dieser Volksgruppe.

Nach dem Vorbild der amerikanischen Neger-Organisation haben sich radikale orientalische Juden zusammengeschlossen; sie nennen sich „Schwarze Panther" und machen durch Straßenkrawalle und Demonstrationen auf sich aufmerksam. Die meist im islamischen Kulturkreis aufgewachsenen gesellschaftlichen Außenseiter behaupten: „Wir sind und bleiben in dieser Gesellschaft europäischer Juden Bürger zweiter Klasse."

Araber in Israel werden aufsässig

Aber ein Unglück kommt selten allein — aus der Sicht der Israelis. „Vor Yom Kippur", schrieb Israels große Abendzeitung „Jediot Acharonoth, „betrachteten sich die Israelis gern im Spiegel, und was sie erblickten, war schön, stark und intelligent. Seit dem Krieg sind sie nicht sicher, ob es ein Zerrbild war."

1,4 Millionen Araber leben im Land und in den von Israel besetzten Gebieten. Seit dem Oktoberkrieg 1973 tragen viele Araber ihre Feindseligkeit offen zur Schau. Die Sicherheitsbehörden empfehlen israelischen Staatsbürgern, Fahrten in abgelegene Gebiete Judäas und Samarias nur noch bewaffnet oder im Konvoi zu unternehmen.

Bewaffnete Posten patrouillieren vor den Schulen, Supermärkten und Kinos. Auch die militanten arabischen Jerusalemer agieren offen mit dem Ziel, das Ende der jüdischen Herrschaft herbeizuführen. Seitdem König Feisal, der mächtige Ölscheich von Saudi-Arabien, schwor, er werde vor seinem Tode noch einmal in Jerusalem beten und sich damit seinen letzten Lebenswunsch erfüllen, ist er für die 65 000 arabischen Bürger Jerusalems der große Mann.

Dabei geht es den Arabern in Israel wirtschaftlich besser als je zuvor.

Die Israelis wenden z. B. für die arabische Altstadt doppelt so viel Geld auf wie früher die Jordanier. Unter israelischer Herrschaft ist die arabische Bevölkerung Jerusalems sogar um ein Drittel gewachsen. Dennoch schwelt der Haß gegen die „Besatzer" unaufhörlich weiter. Manchmal schüren die Israelis selbst diesen Haß. So bauten sie auf den Hügeln hinter der mächtigen Kuppel der Omar-Moschee Apartmentblocks für 20 000 jüdische Neueinwanderer. Das Land gehörte arabischen Grundbesitzern, die einfach enteignet wurden, wenn sie es nicht verkaufen wollten.

Ein zweiter Garten Eden?

Israels Zukunft hängt nicht zuletzt von der Einwanderungsquote ab. Das Schreckgespenst der immer mehr anwachsenden arabischen Bevölkerung in Israel kann für die Juden gefährlich werden. Im Jahre 1958 betrug der arabische Anteil an der Gesamtbevölkerung Israels 10,9%. Zehn Jahre später waren es bereits 14,3% und im Jahre 1974 schon 15% trotz verstärkter jüdischer Einwanderung.

Bis 1974 lebten in Israel 2,9 Millionen Juden, 450 000 Mohammedaner, 75 000 Christen (vorwiegend Araber) und 40 000 Drusen. Dazu kommen 1 Million Araber in den besetzten Gebieten.

Nach den Berechnungen der Bevölkerungsstatistiker kommen im Jahre 1998 — bei gegenwärtig einer Million Araber und einem jährlichen Zuzug von 50 000 Neueinwanderern — auf fünf Juden vier Araber. Menschlich gesprochen, hat der jüdische Staat kaum Überlebenschancen.

Als die ersten Juden um die Jahrhundertwende nach Palästina einwanderten, wollten sie einen sozialistischen, auf Gerechtigkeit und Liebe gegründeten Staat errichten. Die neue Gesellschaft sollte nach den Vorstellungen der frühen Pioniere ein zweiter Garten Eden werden, ein Traumland, wie man es auf Erden noch nie gesehen hatte. Die Pioniere und ihre Nachkommen erwarteten die Erschaffung eines neuen Menschen. Der Glaube an den Fortschritt der Menschheit beseelte sie, nicht der Glaube an den Gott ihrer Väter, an den Gott Abrahams, Isaaks und Jakobs.

Ein Jahr nach dem Yom-Kippur-Krieg zitierte die israelische Abendzeitung „Jediot Acharonoth" einen jungen Israeli: „Früher hatte ich einen tiefen, unerschütterlichen Glauben an unsere Stärke, an unsere Fähigkeit, mit allen Schwierigkeiten fertig zu werden. Der Krieg hat diesen Glauben erschüttert. Wie kann diese Gesellschaft mit all ihren häßlichen Auswüchsen bloß fertig werden."

Israel! Vertrau auf Gott!

Eine andere Erfahrung machte Professor Roston aus Tel Aviv; er war als freiwilliger Feldgeistlicher im letzten Krieg dabei.

„Ich bin seit siebzehn Jahren in Israel", sagte er, „aber noch nie habe ich einen solchen religiösen Aufbruch unter den sogenannten nicht religiösen Juden gesehen." Im Handumdrehen seien ihm dreitausend Taschengebetbücher förmlich entrissen worden. Gegen Ende der Kampfzeit sei er — er trug eine Tora-Rolle sowie den traditionellen Gebetsmantel — an einem Truppenlager vorbeigegangen. „Plötzlich", so berichtete er, „hielt ein Fahrzeug neben mir, ein Soldat beugte sich heraus und küßte die Bibel. Bald hielten andere und taten dasselbe. Alles geschah so schnell und spontan, daß ich es kaum aufnehmen konnte."

Schließlich beobachtete Professor Roston, daß nach dem Sechstagekrieg viele Lastwagen die Aufschrift trugen: „Unseren ganzen Respekt für Zahal" (Israelische Armee). Nach dem Yom-Kippur-Krieg, sechs Jahre danach, sah er neue Aufkleber: „Israel! Vertrau' auf Gott!"

Menschlich gesprochen ist Israel in einer hoffnungslosen Lage. Aber diesen schier unerträglichen Zustand kennen die Juden im Lande und in der Zerstreuung seit Jahrtausenden. Und doch zieht sich die aufregende Geschichte dieses von Gott auserwählten Volkes wie ein roter Faden durch die Menschheitsgeschichte. Gott hat seine Hand auch im politischen Spiel: Israel wird nicht untergehen, wenngleich diesem meistgehaßten Volk noch schwere Zeiten bevorstehen.

Wie formuliert es doch der ehemalige Fallschirm-General und jetzige Oberrabbiner Shlomo Goren: „Ein Jude, der nicht an Wunder glaubt, ist kein Realist. Für mich stehen die Wunder in der Bibel, die Wunder der Vergangenheit und die Wunder der Zukunft. Wir stehen am Beginn der messianischen Ära."

Und wie soll nach der Bibel dieses messianische Zeitalter aussehen? „Von Zion wird Weisung ausgehen und das Wort des Herrn von Jerusalem. Dann wird Gott selbst den Völkern Recht sprechen, und er wird der Schiedsrichter sein für viele Nationen. Dann werden sie ihre Schwerter zu Pflugscharen umschmieden und ihre Lanzenspitzen zu Winzermessern. Kein Volk wird mehr gegen ein anderes Volk zum Schwert greifen . . ." (Jesaja 2, 3 ff).

25. Pulverfaß „Palästina"
(Jüdischer und arabischer Terror)

Im Schatten einer Jerusalemer Kreuzfahrerkirche stoße ich auf eine gesprächige Gruppe arabischer Abiturienten. Bereitwillig geben mir die aufgeschlossenen Burschen ein Interview, das ich sogar auf Tonband mitschneiden darf.

„Sind Sie Christen oder Mohammedaner?"

„Wir sind Araber, das ist wichtig", antworten sie voller Stolz.

„Für die Moslems ist Jesus ein Prophet und für die Christen der Gottessohn. Das ist alles."

„Sehen Sie einen Unterschied zwischen Juden und Arabern", möchte ich wissen. „Beide sind menschliche Wesen", sagt einer und fügt hinzu:

„Auch die Juden." Für Bruchteile von Sekunden tritt eine allgemeine Ruhepause vor dem anbrausenden Sturm ein. Und dann donnert der stämmig gebaute Wortführer los:

„Aber die Juden haben unser Land gestohlen, und wir werden es ihnen wieder abnehmen. Die Juden sind unsere Feinde." Niemand widerspricht.

Vorsichtig frage ich, ob die Juden nicht auch Anspruch auf Palästina hätten. „Nein, dieses Land gehört uns", antworten sie im Chor.

„Und wie wollen Sie diesen jüdisch-arabischen Konflikt in Israel lösen?" Meine Frage schnappt eine hellhörige Passantin auf.

„Darauf gibt es keine Antwort", schreit es aus ihr heraus.

Ich schaue meine arabischen Gesprächspartner fragend an. Einer von ihnen bricht das peinliche Schweigen:

„Die palästinensischen Juden, die schon immer hier gewohnt haben und nicht eingewandert sind, können hierbleiben; die anderen müssen in ihre ehemaligen Heimatländer zurückkehren."

„Und was sollen sie mit ihren Häusern oder Fabriken machen?"

Um Antworten sind die politisch interessierten Araber nicht verlegen.

„Mein Vater kommt aus Jaffa", sagt einer, „heute wohnen Juden in seinem Haus. Wir müssen sie rauswerfen."

„Würden Sie auch die blutigen Aktionen der palästinensischen Befreiungsorganisationen unterstützen? Ich denke etwa an das Massaker in München während der olympischen Spiele."

Sie überlegen keinen Augenblick. „Selbstverständlich", sagen zwei.

„Wir Araber in Israel sind zu ohnmächtig. Deshalb müssen wir Juden im

Ausland töten! Anders kommen wir nicht zu unserem Recht, und die ganze Welt soll es erfahren. Dies Land gehört uns, wir müssen es wiederhaben."

Als ich sie fotografieren möchte, wehren sie energisch ab. Aus Angst vor dem israelischen Geheimdienst.

Doppelgleisigkeit der britischen Orientpolitik

Um die Jahrhundertwende wanderten zahlreiche in Rußland verfolgte Juden, unter ihnen der erste israelische Ministerpräsident Ben Gurion, nach Palästina ein. Im Jahre 1908 entstand der erste Kibbuz (landwirtschaftliche Ansiedlung). Damals regierten die Türken das Land, welches sie nach fünfhundertjähriger Herrschaft nach dem verlorenen ersten Weltkrieg an England abgeben mußten.

Dem jüdischen Wunsch nach einem eigenen Staat kam der englische Außenminister Balfour in einem Brief vom 2. November 1917 an den kapitalkräftigen jüdischen Baron Rothschild entgegen: „Die englische Regierung sehe die Errichtung einer nationalen jüdischen Heimstätte in Palästina für das jüdische Volk mit Wohlwollen an und wolle nach Kräften die Ausführung dieses Vorhabens erleichtern helfen."

Zu jener Zeit lebten in Palästina 635 000 Araber und nur 65 000 Juden.

Gleichzeitig bescheinigte der englische Hochkommissar im Protektorat Ägypten, Mac Mahon, im Jahre 1915 dem arabischen Scherif von Mekka, Hussein, die Absicht seiner Regierung, die Errichtung eines arabischen Staates fördern zu wollen.

Man wird Palästina-Experten recht geben müssen, die in dieser Doppelgleisigkeit der britischen Orientpolitik die Wurzel zum arabisch-israelischen Konflikt unserer Tage sehen.

Immer mehr Juden wanderten nach Israel ein, und die arabischen Palästinenser befürchteten eine jüdische Invasion.

Bald griffen Juden und Araber zu den Waffen.

Arabische Angst vor jüdischer Invasion

Am 1. Mai 1921 drangen arabische Fanatiker in Jaffa in eine jüdische Einwandererherberge ein und ermordeten 12 Männer und eine Frau. Die Juden rächten sich: 48 Araber und 47 Juden kamen in den darauffolgenden Unruhen ums Leben.

Allmählich wuchs auch der Haßneid der unterpriviligierten Palästinenser auf die tüchtigen Neueinwanderer; die Araber verkauften für gutes Geld ihr meist verwahrlostes Land, das die Juden in einen blühenden Garten verwandelten.

Als sich die Überfälle auf jüdische Siedlungen häuften, entwickelten jüdische Hilfstruppen und Extremisten-Organisationen jene Formen des Terrors, mit denen bis heute die Auseinandersetzung um Palästina geführt wird: Bombenanschläge, Geiselnahme und Meuchelmord.

Der offene Konflikt verschärfte sich, als infolge der Judenverfolgung unter Hitler die Einwandererzahl aus Deutschland auf über 300 000 Juden anwuchs. (1948 lebten im Palästina-Mandat 600 000 Juden von insgesamt 1,9 Millionen Einwohnern.)

Blutiger Kampf gegen die Briten

Für die Juden kam noch ein zweiter Feind hinzu. Im Jahre 1939 gaben die Briten ein Weißbuch heraus, wonach insgesamt nur noch 75 000 Juden nach Palästina einwandern dürften, nach 1944 keiner mehr, es sei denn, die Araber Palästinas wären bereit, dem zuzustimmen.

Auf hoher See kaperten die Engländer Einwanderungsschiffe, voll gepfropft mit jüdischen Naziopfern, und zwangen sie entweder zur Rückkehr — in die Höhle des Löwen — oder internierten sie auf Zypern.

Von nun an nahmen die jüdischen Terroristen, unter ihnen Moshe Dayan, den erbitterten Kampf gegen die britische Besatzungsmacht auf: Eisenbahnlinien wurden gesprengt, Waffenlager ausgeplündert, Bombenanschläge auf militärische Einrichtungen verübt und bei Nacht und Nebel illegale Einwanderer nach Palästina eingeschleust.

Bald gaben die Briten auf. Bereits 1946 wurden Syrien, Libanon und Transjordanien selbständig. Und im Februar 1947 gab die englische Regierung ihr Palästina-Mandat an die Vereinten Nationen, die sich am 29. November desselben Jahres für die Teilung des Landes zwischen Arabern und Juden entschied.

Das palästinensische Flüchtlingsproblem

Am Tag darauf schlugen die erzürnten Araber überall zu. Im syrischen Aleppo steckten sie 300 jüdische Häuser und 11 Synagogen in Brand, im südarabischen Aden richteten sie 76 Juden hin, und in Palästina selbst überfielen sie jüdische Siedlungen und plünderten jüdische Geschäfte.

Am 8. April 1948 starteten die jüdischen Terroristen einen Rachefeldzug in dem arabischen Dorf Dir Jassin, wo sie eine arabische Terroristengruppe vermuteten: 254 Araber wurden ermordet, darunter Frauen und Kinder.

Dieses Massaker löste eine Panik unter den arabischen Palästinensern aus. Zwei Wochen danach waren schon mehr als 150 000 Araber über die Grenze geflohen.

Und nach dem ersten Unabhängigkeitskrieg (1948) gegen die „arabische Liga", den das neugegründete Israel für sich entscheiden konnte, waren von 750 000 Arabern nur noch 167 000 in „Israel" (Palästina). Fast 2 Millionen arabische Palästinenser sind durch die bisherigen kriegerischen Auseinandersetzungen zwischen Israel und den arabischen Nachbarstaaten heimatlos geworden.

Die meisten Flüchtlinge hausen immer noch in notdürftig ausgestatteten Barackenlagern und werden von den Gastländern als Bürger zweiter Klasse angesehen.

Den Informationen des Hilfswerks der Vereinten Nationen (UNWRA) zufolge — die Flüchtlinge werden von der „UNWRA" versorgt — leben immer noch anderthalb Millionen Palästinenser auf ihre Kosten:

Letzter Stand Herbst 1974: siehe nebenstehende Skizze

Terror und Gegenterror im heutigen Israel

Das jahrzehntelange Elend der palästinensischen Flüchtlinge war und ist der beste Nährboden für Terroristen, die um jeden Preis nach Palästina zurückkehren wollen. Wie Pilze sind die miteinander rivalisierenden radikalen und gemäßigten Befreiungsorganisationen aus dem Boden geschossen: Am bekanntesten ist die „Palästinensische Befreiungsorganisation (PLO) unter Arafat.

Wesentlich militanter sind der „Schwarze September" und maoistisch orientierte Gruppen wie etwa die „Demokratische Volksfront für die Befreiung Palästinas", die für den Kindermord in Maalot verantwortlich war:

Es war am 26. Jahrestag der Gründung des Staates Israel (15. 5. 74). An diesem Tag machten 75 Schüler aus der israelischen Stadt Safed einen Ausflug nach Maalot und übernachteten in der dortigen dreistöckigen Schule. Morgens um halb vier — die israelischen Wachtposten schliefen — besetzten drei schwerbewaffnete Araber die Schule und forderten die Freilassung von 23 inhaftierten arabischen Terroristen. Als die israelische Regierung ihren Wunsch nicht erfüllte, mußten 27 Kinder von Safed sterben; die Palästinenser kamen ebenfalls ums Leben.

Die Guerillas waren über die benachbarte israelisch-libanesische Gren-

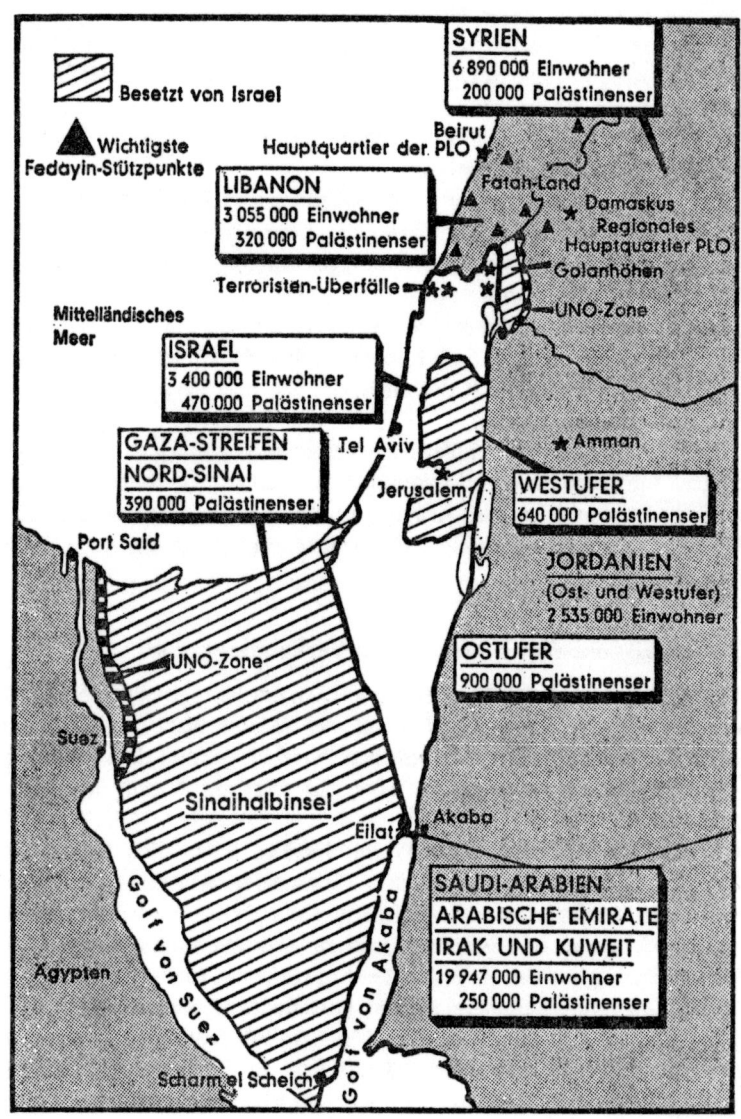

Besetzt von Israel

Wichtigste Fedayin-Stützpunkte

SYRIEN
6 890 000 Einwohner
200 000 Palästinenser

Beirut
Hauptquartier der PLO

Fatah-Land

LIBANON
3 055 000 Einwohner
320 000 Palästinenser

Damaskus
Regionales
Hauptquartier PLO

Golanhöhen

Terroristen-Überfälle

UNO-Zone

Mittelländisches
Meer

ISRAEL
3 400 000 Einwohner
470 000 Palästinenser

GAZA-STREIFEN
NORD-SINAI
390 000 Palästinenser

Tel Aviv

Amman

Jerusalem

WESTUFER
640 000 Palästinenser

JORDANIEN
(Ost- und Westufer)
2 535 000 Einwohner

Port Said

UNO-Zone

OSTUFER
900 000 Palästinenser

Suez

Sinaihalbinsel

Akaba

Eilat

Golf von Suez

Golf von Akaba

SAUDI-ARABIEN
ARABISCHE EMIRATE
IRAK UND KUWEIT
19 947 000 Einwohner
250 000 Palästinenser

Ägypten

Scharm el Scheich

Aus WELT am SONNTAG, 10. November 1974

ze gekommen und hatten auf dem Weg nach Maalot bereits eine israelische Familie getötet, Vater, Mutter und den vierjährigen Sohn.

Bevor die Palästinenser auf israelisches Gebiet vorstießen, übergaben sie der syrischen Presse in Damaskus ein Bild mit ihren Steckbriefen: Ali Ahmed Hassan, 27, wurde in Haifa, Israel, geboren; Ahmed Saleh, 19, geboren in Jerusalem und Ziad Abdel Rahim, 22, geboren in einem palästinensischen Flüchtlingslager.

Zur gleichen Stunde, in der die 27 israelischen Opfer von Maalot feierlich beigesetzt wurden, bombardierten und beschossen 36 israelische Phantomjäger palästinensische Flüchtlingslager im Südlibanon, nur wenige Kilometer von Maalot entfernt.

Das Beiruter Fernsehen sprach von 27 Toten und 138 Verletzten. Die Beisetzungszeremonien in Safed waren noch nicht vorbei, als israelische Jagdbomber über der Stadt dröhnten, die von den Vergeltungsangriffen im Libanon zurückkehrten.

Eine Gruppe von Mitschülern der ermordeten Kinder entrollten ausgerechnet in jenen Augenblicken auf dem Friedhof von Safed ein Tuch, auf das sie einen gehenkten Araber gezeichnet hatten. Und dann schrien sie: „Tod den Arabern. Richtet die Araber hin." Auge um Auge, Zahn um Zahn!

Arabisch-israelischer Wortkrieg am Verhandlungstisch

Wie tief der Haß auf beiden Seiten verwurzelt ist, verdeutlichte der israelisch-arabische Schlagabtausch auf der Genfer Nahost-Friedenskonferenz, wo sich erstmals die feindlichen Parteien — unter dem Druck der USA und UdSSR — gegenübersaßen. Es folgt ein Auszug aus ihrem Wortwechsel:

Israelischer Außenminister: Wenn Sportler unter dem Schutz der olympischen Flagge, an Händen und Füßen gefesselt, ruhig in den Kopf geschossen werden, wenn Passagiere in einer zivilen Verkehrsmaschine methodisch in die Luft gesprengt und zu Asche verbrannt werden, stehen wir dann nicht von Angesicht zu Angesicht der Ideologie gegenüber, die die Gaskammern und Galgen von Ausschwitz hervorbrachten?

Ägyptischer Außenminister: Israel ist kein Friedenslamm. Denken Sie an die Massaker in arabischen Dörfern und an die Invasion arabischer Gebiete. Und die Palästinenser (Terroristen) haben als Mitglieder eines Volkes ohne Hoffnung, das von Israel vertrieben worden ist, das Recht, so zu handeln; sie handeln als einzelne. Die israelische Regierung dagegen trägt die Verantwortung für Akte gegen die arabischen Nachbarstaaten.

Israelischer Außenminister: ... In der Zeit, seit es Palästina-Flücht-
linge gibt, hat Israel 700000 jüdische Flüchtlinge aus arabischen Ländern
und Europa aufgenommen.

Israel wird für aufgegebenes Land und Besitz Entschädigung anbie-
ten. Wir finden es erstaunlich, daß arabische Staaten, deren Einkünfte
aus Ölexporten jährlich 15 Milliarden Dollar übersteigen, nicht dazu in
der Lage sind, das Flüchtlingsproblem im Geiste der (arabischen) Zu-
sammengehörigkeit und Solidarität zu lösen.

Haben die Israelis wirklich die Palästinenser vertrieben? Eine strittige
Frage, auf die der Berliner Professor Helmut Gollwitzer in seinem Buch
„Vietnam, Israel und die Christenheit" aufschlußreiche Antworten gibt:

„Ein arabischer Staat, den die Zionisten (Juden) zerstört hätten, hat
nie existiert. Auf die Gesamtgeschichte Palästinas gesehen, kann man
sagen, daß außer den Juden niemals die Bewohner Palästinas selbständig gewesen sind ... Die Türken wurden nach jahrhundertelanger Herrschaft 1918 von den Engländern abgelöst. Es lebte hier seit Jahrhunderten
eine Majorität von Arabern und eine Minorität von Juden. Die Bevöl-
kerungszahl war sehr gering ... Von den Arabern, die 1948 geflohen sind,
sind etwa ein Drittel nicht länger im Land gewesen als die Juden selbst.
Sie sind ebenfalls kurz zugewandert gewesen, angelockt durch den Aufschwung des Landes infolge der zionistischen Siedlung. Seit 1933 sind
250000 Araber aus den angrenzenden Ländern nach Palästina eingewandert. Bis 1948 ist jeder Quadratmeter Land von Juden legal erworben worden.

Die arabischen Flüchtlinge sind nicht Vertriebene wie die deutschen
Ostflüchtlinge. Vertrieben wurde 1948 nur ein kleiner Teil als Partei-
gänger der arabischen Truppen. Der größte Teil floh, teils auf Auffor-
derung der arabischen Führung, teils aus Furcht vor jüdischer Rache. Die
Flucht erfolgte gegen den Willen der jüdischen Führung ... Die geringe
Zahl, die geblieben ist, hat nichts zu befürchten.

Man kann das Rad der Geschichte nicht zurückdrehen. Das ganze
Land ist nicht geblieben, was es war. Aus Sand und Sumpf ist durch
jüdische Arbeit Fruchtbarkeit geworden. Seit 1948 hat sich nicht nur das
Land verändert, sondern zwei Millionen Juden sind dazugekommen,
darunter 600000 Juden aus arabischen Ländern ... Sie sind meistens
unter Zurücklassung ihrer Habe nach Israel emigriert. Wollen die arabischen Heimatländer sie zurücknehmen, ihnen Entschädigung gewähren?

All diese Fragen sind von arabischer Seite bisher unbeantwortet geblieben." Soweit Helmut Gollwitzer.

Versöhnliche Stimmen

Trotz dieser vorgetragenen proisraelischen Argumente gibt es für die israelische Regierung keine Entschuldigung für die Vernachlässigung der Palästinenserfrage. Der amtierende israelische Ministerpräsident ist im Unterschied zur alten abgetretenen Garde (Golda Meir, Moshe Dayan, Abba Eban) im Land geboren; er macht die Lösung des Flüchtlingsproblems von der Friedensbereitschaft der arabischen Staaten abhängig: „Das Grundproblem ist, daß die arabischen Führer nicht bereit sind, sich mit der Existenz Israels als eines unabhängigen, lebensfähigen, jüdischen Staates abzufinden." Und sein Oberst Granit bekannte ein Jahr nach dem Oktoberkrieg (1973): „Wir haben die Palästinenser-Frage zu lange verdrängt... Israel muß den Palästina-Arabern ihre nationale Identität zugestehen. Wir müssen mit ihnen zusammenleben."

Ein versöhnlicher Ton, in den hoffentlich immer mehr arabische und israelische Chöre miteinstimmen.

Wo Araber und Juden sich lieben

Ein hoffnungsvoller Ausblick! Der ersehnte Frieden im Nahen Osten kann nicht organisiert, sondern muß vorgelebt werden. Es war beeindruckend, als nach dem Blutbad während der olympischen Spiele 72 in München — arabische Terroristen erschossen 17 israelische Sportler — junge Christen aus vielen Ländern nach einem Versöhnungsmarsch am Sendlinger Torplatz nicht Haß, sondern Liebe predigten. Ungewöhnlich waren die Bekenntnisse eines Araber-Christen namens Joseph aus Ägypten und einer Juden-Christin, Elisabeth aus Jerusalem; ihre Friedensappelle folgen im gekürzten Wortlaut:

Joseph aus Ägypten:

„Wir Christen in Ägypten grüßen uns mit demselben Wort, wie Jesus es seine Jünger gelehrt hat: Salem aleikum — Friede sei mit euch! Ich weiß, daß es für einen Ägypter nicht leicht ist, in dieser schweren Zeit hier so zu sprechen. Doch ich stehe hier als Christ aus Ägypten vor euch — wie Elisabeth als Christin aus Israel. Ich muß euch gestehen, daß ich als Ägypter meine Heimat liebe. Wißt ihr, es kommt aber überhaupt nicht darauf an, ob jemand Ägypter, Israeli, Deutscher oder Amerikaner ist. Wir werden alle einmal vor Gott stehen. Dort spielt es keine Rolle, ob du aus einem jüdischen, islamischen oder christlichen Elternhaus kommst.

Aber du mußt wissen: Jesus liebt dich, und er starb für dich. Obwohl mein Vater Pastor einer arabischen Christen-Gemeinde ist, sagten mir diese Worte früher nichts. Als ich später Jesus in mein Leben aufnahm und um Vergebung meiner Schuld bat, da wurde ich Christ. Deshalb bitte ich dich im Namen Jesu, der mein Leben verwandelt und mir Liebe auch zu meinen Feinden geschenkt hat: Wag' es mit Jesus, der auch dein Leben verändern kann.

Danke! Friede sei mit euch."

Elisabeth aus Jerusalem:

„Schalom" — Friede, so grüßen wir uns in Jerusalem. Doch wenn man in Israel lebt, merkt man schnell, daß dort der Friede fehlt. In Jerusalem wuchs in mir der Haß auf gegen die Terroristen. Ich dachte, wie kann es einen Gott geben, der solches Unheil zuläßt. Doch dann begegnete ich einer Gruppe junger Christen in Israel. Untereinander lebten sie in Frieden: Juden und Araber. Ich wunderte mich darüber, und sie sagten mir, Jesus Christus habe dies möglich gemacht. Mein Interesse wuchs. Ich hatte bis dahin nicht geglaubt, daß Jesus der Messias sei. Die meisten Juden warten ja immer noch auf den Messias; denn bei den Propheten steht, sein Kommen bringe weltweiten Frieden. Doch wo ist dieser Friede? Mir wurde dann durch das Wort des Propheten klar, daß Jesus Christus zuerst sterben mußte um unserer Schuld willen, damit wir Frieden in unseren Herzen gewinnen.

Jetzt können wir anderen Menschen diesen Frieden zeigen, und allein so kann Frieden in dieser Welt entstehen. Und der Messias wird ein zweites Mal kommen. Dann wird Frieden herrschen auf der ganzen Welt. Als Israeli kann ich nicht länger die Terroristen hassen. Ich kann nur für sie beten und möchte ihnen sagen, daß auch sie Frieden in ihrem Herzen finden können durch Jesus Christus. Deshalb bitte ich euch alle: Betet für den Frieden in Jerusalem. Schalom!"

26. Abschied von Israel

„Yerushalayim shel sahab" singen die Israelis in fröhlicher Stimmung. Nach dem Sechstagekrieg ist jenes beliebte Volkslied entstanden, dessen Text auf eine jüdische Sage zurückgeht. Rabbi Akiba heiratete die schöne Rachel. Weil er arm ist, kann er ihr nichts schenken. Er sagt ihr: „Ich gebe dir das Schönste auf der Welt: Jerusalem aus reinem Gold — Yerushalayim shel sahab."

Ich stehe auf dem Ölberg. Vor mir liegt Jerusalem im Morgenglanz. Neben mir wartet ein Araber mit seinem schmuckvoll gesattelten Kamel auf die ersten Pilger und Touristen aus Jerusalem. Zwei israelische Pfund verlangt er von jedem Kamelreiter, der sich auf dem Hintergrund der golden glänzenden Omar-Moschee inmitten der orientalischen Stadt fotografieren lassen möchte. Der prächtig herausgeputzte Araber achtet peinlich darauf, von mir nicht kostenlos fotografiert zu werden. Für einen kurzen Augenblick verlieren sie mich aus dem Auge, das Kamel und sein arabischer Besitzer. In meiner Kamera macht es „klick", und ich bin um ein romantisches Jerusalem-Bild reicher geworden, der Araber aber auch nicht ärmer. Schon zehn Minuten später bittet er kamelliebende Kunden zur Kasse. Das florierende Geschäft mit dem goldenen Jerusalem endet erst nach Sonnenuntergang.

Auf dem Ölberg vor Jerusalem

Ein israelischer Regierungswagen kommt vorgefahren, begleitet von zwei Jeeps mit aufmontiertem Schnellfeuergeschütz. Aus dem Fond der Luxuslimousine steigt ein stattlich gekleideter Herr, ein hoher Gast aus dem Ausland. Fremdenführer spielt ein jüdischer Offizier, der seinem prominenten Begleiter lediglich die Sehenswürdigkeiten der von Arabern bewohnten Altstadt zeigen kann. Das von Juden erst in jüngster Zeit erbaute Westjerusalem liegt — vom Ölberg gesehen — hinter der Altstadt: Die Knesset (israelisches Parlament), die Regierungsgebäude, das Nationalmuseum, die hebräische Universität und die großzügig angelegten Wohnviertel.

300 000 Menschen leben heute in Jerusalem, unter ihnen etwa 70 000 Araber.

Jesus stand vor 2000 Jahren auf dem Ölberg, umgeben von seinen Jüngern, die „heilige Stadt" vor Augen. Hier hat er über das Ende dieser Welt gesprochen, über Hungersnöte und Erdbeben, über Kriege und falsche Propheten, aber auch über den Feigenbaum (Symbol für Israel), „der jetzt verdorrt ist, aber am Ende der Weltzeit wieder anfängt zu grünen" (Matthäus 24).

Hier hat der zukunftsweisende Herr von seinen Jüngern Abschied genommen: „Ich werde wiederkommen!" Und hier blieben sie nach seiner Himmelfahrt wie angewurzelt stehen, bis ein Bote Gottes sie ansprach: „Ihr Galiläer, was steht Ihr hier und schaut nach oben: Dieser Jesus wird wiederkommen ..." Dann kehrten die Apostel vom Ölberg nach Jerusalem zurück, gestärkt durch die Abschiedsworte Jesu: „Ihr werdet den heiligen Geist empfangen und meine Zeugen sein von Jerusalem bis an das Ende der Welt."

Ich stehe immer noch auf dem Ölberg und beobachte das militärische Schauspiel mit dem ausländischen Diplomaten in der Hauptrolle. Seine schwerbewaffneten „Leibgardisten" streifen mich mit mißtrauischen Blicken. Wer hätte kein Verständnis für solche Sicherheitsmaßnahmen; denn Jerusalem ist ein heiliges Pulverfaß, und auch vor seinen Toren sinnen die Feinde Israels auf Rache. Wie lange noch?

Ich schaue auf das zugemauerte „goldene Tor" in der Stadtmauer, dem einst wichtigsten Zugang zum Tempelberg. Nach der Überlieferung soll Jesus durch dieses Tor in die Stadt eingezogen sein. Seit Jahrhunderten erzählt man sich in Jerusalem, dieses Tor werde erst wieder geöffnet, wenn Jesus wiederkomme.

Ich nehme Abschied von dieser leidgeprüften Stadt, von seinen jüdischen, islamischen und christlichen Bewohnern.

Im Märtyrerwald Bäume gepflanzt

Unser letzter Reisetag in Israel ist angebrochen. Wir fahren von Jerusalem über Tel Aviv nach Haifa. Drei wichtige Städte, die ihr eigenes Gepräge haben: In Jerusalem wird gebetet, in Tel Aviv getanzt und in Haifa gearbeitet.

Hinter Jerusalem im judäischen Bergland macht uns Zwi auf den Märtyrerwald aufmerksam: „Hier können Sie eigenhändig einen Baum pflanzen" — Könige und Präsidenten, Politiker und Filmstars, Menschen aus aller Welt haben inzwischen hundert Millionen Bäume in Israel gepflanzt und dem öden Land die frischgrüne Pracht zurückgegeben.

Wir fahren vorbei. Nur der „Stamm Ruben" hat sich ein Denkmal gesetzt, wie mir später ein Bremer Pfarrer aus jener Gruppe erzählt: „Unser Guide meinte, in Israel gäbe es Wunder, aber man müsse nachhelfen, und wir sollten mithelfen. Wir waren einverstanden und fuhren in den Märtyrerwald. Eigenhändig pflanzten wir Zypressen in bereits ausgegrabene Löcher. Dabei haben wir ,Schalom Alechem' (Friede sei mit euch) gesungen. Jeder hat 12 israelische Pfund für sein Bäumchen bezahlt. Als Anerkennung händigte uns der Waldwärter eine Urkunde auf unsern Namen aus. So haben wir ein sichtbares Zeichen zum Wiederaufbau Israels gesetzt."

Und die Bibelleser konnten mit gutem Gewissen nach Hause fahren; denn Mose hatte dem Volk seinerzeit befohlen: „Wenn ihr ins Land kommt, so pflanzt allerlei Bäume."

Wo Jona sich einschiffte nach Tharsis

Jaffa ist in Sicht, eine uralte Hafenstadt mit einer abenteuerlichen Vergangenheit. Hier schiffte sich Jona als blinder Passagier ein, als er nach Tharsis fliehen wollte. Hier trafen die ersten jüdischen Einwanderungsschiffe bereits in den zwanziger Jahren dieses Jahrhunderts ein.

Japhet, der Sohn Noahs soll die Stadt gegründet haben. Wer weiß, Historiker streiten sich darüber; denn sie waren nicht dabei. Eine ägyptische Urkunde aus dem Jahre 1300 vor Christi Geburt berichtet, wie Tut, ein Offizier des Pharaos Thutmosis III., (15. vorchristl. Jahrhundert) die Stadt durch Anwendung der Strategie des trojanischen Pferdes eroberte, indem er den eingeschlossenen Stadtbewohnern 200 große irdene Gefäße zum Geschenk machte, in denen sich bewaffnete Krieger versteckt hielten.

Leicht beschwingt schlendern die Leviten durch die winkligen Gäßchen des malerischen Hafenviertels, wo einheimische Künstler eine Reihe alter Häuser zu Ateliers und Kunstgalerien umgebaut haben. Auf ihren Gemälden kehrt als Leitmotiv das verträumte Jaffa in den herrlichsten Farben immer wieder.

Andere Leviten suchten vergeblich das Haus des Gerbers Simon, in dem sich Petrus bei seinem Besuch in Jaffa aufgehalten haben soll. Stattdessen fanden sie auf Simons Grundstück eine Moschee aus dem Jahre 1730. Noch vor 100 Jahren lebten in Jaffa 4000 Moslems und keine einzige jüdische Familie.

Als die jüdischen Stadtväter von Jaffa im Jahre 1909 die Gründung eines Vorortes namens Tel Aviv („Hügel des Frühlings") auf einer großen Sanddüne am Mittelmeer planten, wurden selbst ihre kühnsten Erwartungen weit übertroffen. Tel Aviv ist heute die größte Stadt in Israel. 500 000 Menschen, eine bunt zusammengewürfelte jüdische Gesellschaft aus 70 Nationen, leben in dieser großzügig angelegten Stadt. Für einen

Bummel durch die „tanzende" City mit ihren eleganten Geschäftsstraßen, vornehmen Cafés, Museen und Theatern reicht die Zeit leider nicht.

Caesarea am Meer

Wir fahren weiter über Natanya nach Cäsarea am Meer, einst erbaut von dem jüdischen König Herodes zu Ehren seines Gönners Kaiser Augustus aus Rom. Mächtige Schutzwälle umgeben immer noch die geheimnisumwitterte Ruinenstadt, an der 12 Jahre lang gebaut wurde. Damals schimmerten am Hafen prächtige Häuserreihen aus bestem Marmor. Hoch über ihnen thronte der Tempel des „göttlichen" Augustus, ein Palast für Herodes und der Wohnsitz für den römischen Statthalter. Bäder und Bordelle, Kasernen für die römischen Legionen und der größte Kerker des Orients gehörten zu dieser berüchtigten Stadt. Ihre 180 000 Einwohner — Jerusalem zählte damals 200 000 — sollten mit „Brot und Spielen" zu braven Untertanen erzogen werden. Unheimlich wirkt diese tote Stadt auf mich. Denkmäler aus vielen Epochen lassen die Vergangenheit auferstehen: Ein römisches Hippodrom für 20 000 Besucher, Reste eines herodianischen Tempels, eine Kreuzfahrerkathedrale, eine jüdische Synagoge sowie eine Moschee aus dem 19. Jahrhundert.

„Wir singen von Jesus"

An dieser völlig unbewohnten und trostlosen Stätte trifft unser Stamm Levi den Stamm Ruben; sie sitzen auf den Steinstufen des Amphitheaters und geben ihre „letzte Vorstellung" vor ihrer Heimreise nach Deutschland.

„Wir singen von Jesus,
er hat auf Golgatha das Heil der Welt vollbracht.
Der große Gott ist er und aller Welten Herr . . .", singen die fröhlichen Christen mit Gitarrenbegleitung. Neugierige werden durch die hervorragende Akustik angelockt und hören in einer toten Stadt Worte des ewigen Lebens: Die Herren dieser Welt gehen, aber unser Herr Jesus Christus bleibt derselbe — gestern, heute und morgen.

Von Cäsarea aus sind wir noch eine halbe Stunde unterwegs, bis wir unser israelisches Schiff im Hafen von Haifa erblicken.

Noch einmal schaue ich an die fast kahle Stirnwand des tristen Hafengebäudes. Herzl's Bild hängt immer noch da. Zu gern hätte ich dem bärtigen Zionisten, dem geistigen Vater des modernen Staates Israel zugerufen: „Theodor, du hast gesagt: ‚Wenn ihr wollt, ist es kein Märchen', und dein Wunschtraum ist wahr geworden. Aber der jüdische Wille allein macht noch keinen Staat, und schon morgen könnte der arabische Goliath (100 Milionen Araber) den jüdischen David (3 Millionen Juden) vernichtet haben. Theodor, du hättest sagen sollen: Wenn Gott will, ist es kein Märchen."

„Das ist unser Leben"

Ich denke an den siebenarmigen Leuchter vor der Knesset in Westjerusalem, einem kostbaren Geschenk der britischen Regierung zur Staatsgründung Israels. Im Mittelschaft dieses jüdischen Symbols erkennt man brennende Häuser. Juden wehren sich mit Steinen und Messern. Erschlagen liegen sie übereinander. Auf dem darüberliegenden Feld klagen die Toten an. Und doch erhebt sich ein neues Israel aus dem Übermaß der Leiden. Auf den beiden untersten Armen des bronzenen Leuchters steht:
„Nicht durch Heer oder Gewalt, sondern durch meinen Geist, spricht der Herr!"
Noch bestimmen Soldaten und Waffen den israelischen Schauplatz, Im Hafengebäude geselle ich mich zu einer redseligen Gruppe junger Soldaten. Sie wollen sich nicht fotografieren lassen. „Es ist verboten", sagt mir eine charmante Dame in Uniform.

Schließlich drücke ich doch auf den Auslöser, und sie tun so, als hätte es nicht geblitzt. Ein „teures" Abschiedsgeschenk für einen deutschen Touristen.

Ich passiere die letzte Kontrollstation. Gewissenhaft studiert ein etwa 20jähriger Soldat meinen Ausweis, und dann prüfe ich ihn:
„Haben Sie eine Lösung für den israelisch-arabischen Konflikt?"
„Ich bin kein Politiker, aber ich befürchte, es wird härter", sagt er ohne Pathos.
„Beunruhigt Sie nicht dieser Gedanke?"
„That's our life", sagt er. „Das ist unser Leben!"
Sein letztes Wort heißt „Schalom".
„Schalom, Schalom!" sage ich.

Das tragische Schicksal der Exodus

Das Schiffssignal ertönt, und die „NILI" nimmt Kurs auf Genua. Wer die moderne Geschichte Israels kennt, wird beim Abschied von Haifa an das tragische Schicksal der 4500 illegalen jüdischen Einwanderer an Bord der „Exodus" erinnert. Die Überlebenden aus deutschen Konzentrationslagern waren im Jahre 1947 untewegs nach Palästina. Auf hoher See brachte die britische Kriegsmarine den überfüllten Dampfer auf, übernahm ihn nach einem blutigen Handgemenge und bugsierte die „Exodus" in den Hafen von Haifa. Aber die maßlos enttäuschten Juden durften nicht von Bord; denn die damals regierenden Briten hatten Palästina auch den Arabern zugesagt und wollten mit allen Mitteln eine jüdische Masseneinwanderung verhindern.

Tausende von jüdischen Emigranten wurden auf diese Weise auf hoher See von den Briten abgefangen, meistens in Haifa auf britische Militärschiffe umgeladen, die sie nach Zypern ins Internierungslager brachten. Diese primitiven Wellblechhütten-Lager waren durch hohe Stacheldrahtzäune gesichert, auf den Wachtürmen hockten bewaffnete britische Soldaten. Erst nach der Staatsgründung durften die Internierten nach Israel. Auch die „Exodus" mußte damals wieder Haifa verlassen.

Ich sah das neue Jerusalem

Niemand kann die Geschichte der Vergangenheit und der Gegenwart, das „Tal der Tränen" ungeschehen machen. Das Chaos der vordergründigen Weltgeschichte läßt das menschliche Leben sinnlos erscheinen. Wo aber der „Strahl der Ewigkeit in die Wirrnis unserer Zeit" einbricht und als göttliche Weisung geglaubt und erkannt wird, da fängt das Leben erst richtig an und die abenteuerliche Lebensreise — unterwegs nach Jerusalem — hat ein hoffnungsvolles Ziel; denn es gibt für gläubige Christen und Juden auch eine Geschichte der Zukunft, eine Heilsgeschichte der Ankunft: Juden warten auf ihren Messias, und Christen warten auf ihren wiederkommenden Herrn Jesus Christus.

„Ich sah das neue Jerusalem, das von Gott aus dem Himmel herabkam. Die heilige Stadt war festlich geschmückt wie eine Braut, die auf den Bräutigam wartet. Vom Thron Gottes hörte ich eine starke Stimme: Dies ist Gottes Wohnung bei den Menschen! Er wird unter ihnen wohnen, und sie werden sein Volk sein ... Er wird alle ihre Tränen abwischen. Es wird keinen Tod mehr geben und keine Traurigkeit, keine Klage und keine Quälerei mehr. Was einmal war, ist für immer vorbei." (Offenbarung 21, 2—4).

Unterwegs nach Jerusalem. Wer möchte nicht dabeisein?